行為介入心理學

懶癌末期患者的「高效」療程

走出舒適圈 × 拒絕慣性撒謊 × 避免過高標準
從細微變化開始，重塑個體行為的關鍵策略

▶ 你是真的能力不行，還是陷入了「惰性困境」？
▶ 早就完成卻不願交差，完美主義讓你再三修改？
▶ 許多小事看起來都很重要，到底應該先做哪個？

天天喊著工作太忙，卻忽略了那些「碎片時間」；
揮手告別頹廢的自己，重拾行動力與效率！

浩強 著

目 錄

序言：告別拖延，開啟自律的開掛人生

第一章　拖延有害，別讓它拖垮你的人生

012	拖延，也許應該成為一種罪行
017	從拖延到局面徹底失控
022	忙，有時只是努力的一個表象而已
026	同樣的工作，為什麼你「壓力山大」
031	再等一下？誰來還你健康
035	今天的小問題，明天的大麻煩
040	拖延，讓你成為習慣性撒謊者
045	行動，從解決手邊的問題開始

第二章　「戰拖」宣言：成功你好，拖延再見

052	恐懼行動，因為你有拖延的基因
056	道理都懂，但行動力還是很差
060	心急如焚的時候，你為什麼還會選擇玩遊戲
065	追求劣質快感？醒醒吧

目錄

- 068 害怕失敗？可笑吧
- 072 理解你的拖延症
- 075 惰性基因和行動基因的作戰
- 078 掌握了自己，你就掌握了全世界

第三章　克服懶惰，走向開掛的人生

- 084 你不行動，沒有人替你成功
- 088 生活受夠了你的那些爛藉口
- 092 難以根除的宿命論
- 096 命是失敗者的藉口，運是成功者的自謙
- 100 警惕為了心理補償而拖延
- 104 只要行動，很多事都能輕易完成
- 108 先不要糾結結果，先做做看

第四章　甩掉完美主義，否則你必拖無疑

- 114 對於行動來說，完美主義是個貶義詞
- 118 完美主義強迫症的表現
- 121 不要在完美中迷失自己
- 124 完美主義＝逃避主義
- 128 華麗的想像與真實的行動
- 132 衝破自我設定的枷鎖

136	當「想要」超過「需要」
141	不對不可預知的未來抱過高的期望

第五章　當等待成為拖延，只會奪走你的動力

146	為什麼大多數人願意維持現狀
149	等待不一定都是耐心的表現
154	到底是什麼拖住了你
158	真的沒有問題，還是對問題視而不見
162	等待是最混蛋的拖延
168	想一想，假如你只有一次機會
173	從等待到行動，你需要走的三步
177	Just do it，拆除「行動高牆」

第六章　不拖延，是生活幸福的首要標準

182	不行動，幸運永遠輪不到你
186	越拖延，越頹廢
190	拒絕拖延，拒絕宅
193	運氣是雙向循環的
197	負能量大爆炸第一個傷到自己
201	年輕人根本沒有假期這一回事
204	影響成功的0.1，就毀在拖延上

第七章　做自己時間的主人，終結拖延症

210	成功者往往是時間規劃的高手
214	計算拖延的時間成本
218	「黃金時間」是最優質的財富
222	節省時間就是創造財富
227	把最大塊的時間分配到最有價值的工作上
232	了解時間，就像了解你的儲蓄一樣
237	活用那些零碎的時間
241	「瑞士起司」時間整理法則
245	期限就是時間投資止損線

序言：
告別拖延，開啟自律的開掛人生

首先，我們聽一個老人的故事來感受下：人生開掛，全靠自律。

澳洲有一位老人，創造了一個傳奇。

當時99歲的喬治・科羅內，剛從游泳池中爬出，評委就宣布他以56秒12的成績，打破了50公尺男子自由泳比賽（老年組）的世界紀錄！

50公尺56秒12，這是一個年輕人都很難取得的成績。

你能看到，精神矍鑠的老人瘦骨嶙峋，脊梁微微佝僂，布滿皺褶的皮膚裡盡是活力與熱情。99歲的他毅然自信地走進競技場，帶給世界驚豔。

一個在耄耋之年的老人，放棄了原本安逸舒適的生活，而選擇了奮鬥，這樣的勇氣，如今的年輕人，有多少能與之相較？

「一切在我80歲時，就這麼自然地發生了。」面對鏡頭時，老人開心地說道。一句話又讓多少人汗顏？

我們知道，老人從小就熱愛陽光沙灘，熱愛游泳。時代

序言：告別拖延，開啟自律的開掛人生

的動盪不允許年輕時代的他對生活有過多的奢望，然而到80歲，已經不再年輕的喬治，卻開啟了一個叫夢想的盒子，不再年輕的他毅然重拾游泳的愛好，這一次，他為夢想而活。

年輕的我們每當看到年老的人，會感慨一句：夕陽無限好，只是近黃昏。進而慶幸自己還年輕，覺得有大把的時間可以揮霍。我們時常也會焦慮，會恐懼，害怕有一天自己會衰老，以為只有年輕才充滿無限可能，然而，人生會因為年齡的增長而漸衰嗎？

顯然不會，這不過是年輕人庸人自擾徒增煩惱而已！有多少年老的人，因為自律，打拚夢想，生活不但沒有陷入困頓，反而更加精采。

自律對人的鑄就，是一切方法論都無法超越的。

李嘉誠從來沒有在6點之後起過床，而村上春樹基本都是凌晨4點起床。

賈伯斯年輕時每天凌晨4點起床，9點前把一天工作做完。他說：「自由從何而來？從自信來，而自信則是從自律來！先學會克制自己，用嚴格的日程表控制生活，才能在這種自律中不斷磨練出自信。自信是對事情的控制能力，如果你連最基本的時間控制都做不到，還談什麼自信？」

我們羨慕著別人的身材與美貌，豔羨著別人的成功與精

采,但是很多時候,當我們了解到其背後付出的艱辛和近乎殘酷的挑戰後,大多數人自動放棄了,遲遲沒有行動的跡象,可謂「思想的巨人,行動的矮子」。

有時候,我們心血來潮想要改變邋遢的自己,制定了很多目標和行動計畫,很多天過去後,更多的人是在懊悔自己的不爭氣,痛恨自己做不到堅持。

就這樣,大部分的我們,在焦慮與無為中煎熬,後來平凡成了我們安慰自己接受平庸的藉口。

年老的人都沒有放棄打拚,有背景的人時刻都在努力更耀眼,生來平凡的我們有什麼理由拖延呢?

人生有限,別讓拖延毀了你。鼓起勇氣,戒掉拖延吧,讓我們一起開啟自律的開掛人生!

本書透過分析拖延症的行為模式,拖延的影響和危害,拖延產生的深層原因,告訴我們抗擊拖延症的心理策略和實踐攻略,讓我們治癒各種不服:窮忙、低效、雜亂、懶宅、焦慮、恐懼、無法堅持⋯⋯有效抗擊拖延症!

行動起來,世界就是你的。

最後,希望每一位讀者都可以成功地戰勝拖延,學會高效管理時間,比別人少奮鬥十年!

序言：告別拖延，開啟自律的開掛人生

第一章

拖延有害，
別讓它拖垮你的人生

 第一章　拖延有害，別讓它拖垮你的人生

拖延，也許應該成為一種罪行

李奧納多・達文西是歐洲文藝復興時期傑出的代表人物。這位天才是史上飽享盛譽的博學者，他的研究內容涉及建築、藝術、工程、數學等跨度巨大的諸多領域。然而就是這樣一位偉人，居然飽受拖延症的困擾。

達文西一生做了海量的筆記。據相關機構估算，現今傳世的六千多頁手稿只是他生前所做筆記的三分之一。筆記裡有非常驚人的創想，他是西方首位人形機器人的設計者，第一個繪製子宮裡胎兒的人，他的繪畫設計圖更是不計其數，而其中許多構想最終石沉大海。這從側面反映了達文西在工作中的注意力是十分分散的，正是因為這種特質，他無法將注意力集中在某個特定的任務上加以專攻。另外，由於他過於追求完美，加之不同領域的靈感不時地出現在他的腦海裡干擾其思路，導致眾所周知的〈蒙娜麗莎〉花費了 4 年之久，〈最後的晚餐〉畫了 3 年。不能按時交付作品這一點，嚴重影響了他跟客戶的關係。直到達文西生命結束，他的傳世畫作不超過 20 幅，其中竟然還有五六幅畫壓在他手裡暫時沒有交付。更多的繪畫創作的天才構想永遠停留在了草稿圖階段，成為無法彌補的遺憾。

拖延，也許應該成為一種罪行

達文西本人深知自己的弱點，他在一篇筆記中用凌亂的字跡記載著：「Dimmi, dimmi se mai fu fatto cosa alcuna。」（告訴我，告訴我，有哪樣事情是徹底完成的？）這種由於拖延造成的挫敗感，與當下飽受拖延困擾的現代人體驗到的別無二致。

在這個匆忙的時代，我們每天被壓力逼迫得焦頭爛額，於是一頭栽進了「拖延症」這個「避風港」中，殊不知如此行事不亞於「飲鴆止渴」。壓力大並不能成為無限制拖延工作的藉口，若真如此，那當今社會就難以出現事業上有所成就的人了。我們被拖延症牽著鼻子走，焦慮、失眠、效率低下，而「選擇性忽略」了亦有不少人在重重的任務壓力下茁壯成長。拖延，並不應該歸罪於這個時代，問題始終是出在自身的。

許多問題的原因可以被我們追溯到孩提時代。許多人兒時都曾經歷過被家長關在屋裡寫作業的場景，我們原以為儘早完成作業就可以立刻出去玩，沒想到父母另外布置了許多課外習題。於是我們慢慢學會「偷奸耍滑」，做作業時四處遊神混時間。長大後我們依然習慣於磨蹭，表面上信心百倍，甚至還制定了詳細的工作計畫，實際上我們的「忙碌」並沒有多少效率，整日茫茫碌碌始終接觸不到工作中最本質的部分，這依然是一種拖延。假忙碌不可能讓我們的生活變得更

 第一章　拖延有害，別讓它拖垮你的人生

有品質，反而降低了我們的生活滿意度。這些，全都是拖延惹的禍。

不少朋友們心中一直存在一個「扭轉乾坤」的「英雄情結」：在極短的時間內，面對「不可能完成的任務」，主角力挽狂瀾，成功地完成，扭轉了整個局面。這樣的橋段讓不少影迷熱血沸騰。然而生活畢竟不是電影，扎扎實實地努力也許看起來波瀾不驚，但卻是讓人成功最有效的保證。誠然，我們可能在過往的日子裡做過這樣的「英雄」：論文明天就要交了，你花了一整晚「絕地反擊」，最終得到了比平時還高一些的分數；下週就是期末考試，你把自己關在寢室裡書不離手，最終你以不錯的成績通過考試。但是你也許忘記了，你「突擊完成」的論文是你平時就頗感興趣的話題；你用極短時間備考而通過考試，是你平日認真聽課的結果。「飯要一口一口吃，路要一步一步走。」

拖延，常常是因為我們認為「時間還早」。你是否有過這樣的經歷：暑假前你「信誓旦旦」地把課本和複習資料背回家，打算過個「有意義」的假期，然而假期結束你不得不背著原封不動的課本灰溜溜地返校。上班時完不成的任務，你拷貝進隨身碟，準備回家「挑燈夜戰」，然而一進家門便倒頭大睡的你迎來的是清早的太陽。任務伊始，你對自己說「還早得很呢」。但是，科學家早就告訴人們，「完成任務實際所

014

花的時間比人們預估的兩倍還要長一些」。我們要知道,上司或老師對交到我們手裡的任務該用多久完成,他們常常早有預估。不要隨便高看了自己的效率,也不要小看了任務的發布者。

想想看,我們拖延的動機有多少是因為虛榮心在作怪。「早早開始顯得太傻了,等我把手頭的雜事都忙完,我會好好集中注意力把任務搞定的。」這是不少拖延症患者沒有說出口的話。另外,他們總認為努力的時機還不成熟,「等一下有個約會」、「等我把房間收拾完畢就開始」、「現在開始的話沒有人可以商量,我最好等別人跟我一起開始」。這種「活在別人的節奏裡」的行為方式並沒有產生積極作用,相反,在這「為別人考慮」的外表下遮掩著的,是你內心的懶惰。這裡又要提到兒時的經歷了,我們在小時候或多或少可能聽到過老師這樣的評價:「這孩子,聰明是聰明,就是不夠用功。再努力些,成績會進步得很快的。」聽到了這樣的「批評」,我們甚至還有點揚揚得意,似乎不錯的智力是優於刻苦努力的。長大後才發現,成功從來不是單方面因素,而是綜合素養的展現,毅力、抗壓力、執行力⋯⋯都遠比「小聰明」關鍵得多。

不得不承認,「逃避」一直存在於我們每個人的心裡。人生短暫,為何要讓自己活在痛苦之中呢?困難堆積如山,何

 第一章　拖延有害，別讓它拖垮你的人生

不及時行樂呢？這樣的心理使得不少拖延症患者有了「完美的藉口」。然而在現實生活中，讓人們感到幸福快樂的東西常常來之不易，沒有相當程度的努力和付出，忍受寂寞和痛苦，我們就無法讓生活「更上一層樓」。這確實違反了人類的本性，因此人們與拖延戰鬥時間之長、任務之巨也就可以理解了。

　　收起你的僥倖心理吧，拖延本就是一種「罪行」。因為拖延，我們平日不修邊幅、邋裡邋遢，還美其名曰「藝術氣質」；因為拖延，我們把本可以按部就班完成的學習計畫「妖魔化」，騙自己說「學會了也沒有用處」；因為拖延，我們懶得好好經營一份感情，直到真愛從我們身邊溜走。遲遲不採取行動，才是我們對人生最大的不負責。

從拖延到局面徹底失控

很顯然，拖延症在一點點地侵蝕著我們的生活，然而很多人在這種「溫水煮青蛙」的殘害下毀掉了自己的人生還渾然不覺。更為嚴重的是，拖延症很可能成為「左右歷史」的「幕後黑手」。林肯時代的一個經典案例剛好可以印證拖延造成失敗結果的嚴重性。

當時的北方軍裡有位名將，叫做喬治·布林頓·麥克萊倫。麥克萊倫以前是西點軍校的優等生，專業素養自不必多說。由於科班出身，擅長規劃的他系統改造了北方軍隊的後勤，這一創舉令他一夜之間名聲大噪，仕途一路順利，最後被提拔為北方軍的總司令。

可是這位新任將軍卻屢屢因為過度準備所造成的拖延而受到負面影響。他先是以「不打無準備之仗」為由拒絕進攻而與總統鬧僵，後又因為過分謹慎不願在小勝後追擊而多次喪失勝利機會。1862年，歷史上那場關鍵的安提頓戰役中，麥克萊倫再度躊躇不決、拖延遲疑，最終在人數2倍於敵軍的有利形勢下錯失全殲南方軍隊的良機。也因此，戰爭又拖延了整整3年才告結束。將領們徹底喪失了對麥克萊倫的信任，最終他被慘淡地解除了軍職。就連林肯也如是說：「如果

# 第一章　拖延有害，別讓它拖垮你的人生

麥克萊倫將軍不想好好用自己的軍隊，我寧願把它們都借給別人。」麥克萊倫的繼任者尤利西斯·S·格蘭特將軍在南北戰爭結束後，帶著嘲諷的語調如是說：「麥克萊倫是戰爭中讓我感到最好奇的一個人。」

我們總有這樣的錯覺，認為小小的拖延症不會給生活造成巨大麻煩。然而細微之處也有致命的可能性，這樣的事件比比皆是。由於拖延貽誤最佳治療時間、耽擱重要會議、損失百萬資產的事件都不鮮見。不要認為拖延症會造成局面徹底失控是危言聳聽，「蝴蝶效應」是拖延症帶來的最大的恐怖效應。在歷史上著名的英格蘭柏絲沃原野戰役中，一個壞掉的蹄鐵導致了約克王朝的末代帝王理查三世的死亡，一個王朝就此宣告終結。戰鬥打響，理查三世率軍衝向他的敵人亨利七世，在這生死存亡的危急關頭，理查三世的坐騎忽然向前倒去，導致理查三世也一起跌落在地，活生生被敵人俘虜。人仰馬翻的原因竟然出在戰前給馬蹄釘掌的環節。理查三世的坐騎的前腳掌上已經釘了三個鐵釘，而鐵匠一直拖延著沒有去買鐵釘，導致戰鬥打響的那天，理查三世就這樣騎著沒有釘牢馬掌的戰馬上了戰場。小小的拖延卻能給整個戰局造成致命的影響，這是當初偷懶的鐵匠無論如何也想不到的。

我們若能在問題出現的開始，立刻付諸行動積極解決，就有助於避免後續一系列麻煩和災難。然而在實際行動中，

從拖延到局面徹底失控

我們太容易忽略這類問題，認為不過有點拖拖拉拉，完全不會造成什麼無法挽救的後果。多數人以為「千里之堤，毀於蟻穴」的說法，未免有誇張之嫌。

然而現實從不盡如人願，僥倖心理要不得。我們平時有些頭痛腦熱時，有沒有及時去就醫？恐怕多數時候我們對於小小的病痛絲毫不在意，直到越來越感覺不適，痛苦到沒有辦法忍受了，去醫院檢查之後才被告知由於沒有及時就診，釀成了不小的疾病，打針吃藥痛苦不說，還要臥病在床「哎呀」好幾天。當今社會，嚴重危害人類健康的癌症，早期出現時症狀往往是不明顯的。多少人的生命延誤在沒有及時就醫上。例如胃癌早期，儘管只是一些小小的胃部疼痛，但是如果一直往後拖延，那麼就將要和健康越來越遠了。古人便有「諱疾忌醫」的前車之鑑，如果在疾病之初早早就去醫院檢查身體，至少可以在病痛到來之初及時「止損」。

科學家有一項研究顯示，人們在處於巨大的壓力下，神經系統會在刺激的作用下自動釋放出一種叫做「壓力荷爾蒙」的物質。這種物質一方面會對人體提供保護，另一方面會影響到人們的應變能力和注意力。當這種壓力被漸漸釋放之後，大腦會自然恢復到平衡狀態。然而，當壓力過大或者長期處於壓力狀態下的話，應激激素會分泌紊亂，甚至停止釋放。而這種壓力就會影響人的健康，引起失眠、感冒、胃病

 第一章　拖延有害，別讓它拖垮你的人生

等，甚至會破壞人體的新陳代謝和免疫系統。論及造成長期壓力的來源，拖延症無疑是巨大的「罪魁禍首」。

有鑑於此，心理專家們得出相同結論──拖延其實就是慢性自殺。當拖延成為一種生活常態，對身體和心理的影響是免不了的。當一個人習慣拖延，久而久之，焦慮症和強迫症將隨之出現，甚至出現慢性憂鬱症狀。

當你在寫畢業論文遇到了困難，無法順利完成，你可能一邊趕工一邊悲哀地想「也許達不到發表水準了」。你的頭腦以迅雷不及掩耳之勢把情況往很悲觀的局面聯想，「我失敗了」、「我的研究所白讀了」、「我今後的人生該怎麼辦」等。對此，與其說是局面失控，不如說是我們自己令局面失控的。

如果做事情時不設定截止時間和階段目標，也許會有很多人把眼前的任務「永無止境」地做下去。小蘭是「減肥大軍」中的一個。她的「減肥任務」總是從今年拖延到明年，明年延遲到後年，幾年過去了，她的身材依然圓滾滾的。一天，她跟朋友們一起聚餐吃火鍋。看著小蘭一勺又一勺地從鍋裡撈牛肉，一個朋友好心提醒她：「妳不是說要減肥嗎？」「減肥是長期抗戰，急不得。」小蘭一邊說著，一邊大口地吃著肉。

拖延，掩藏著我們內心深處對挑戰的拒絕和逃避。只有

當我們積極擔負起生活，我們才有可能掌控整個局面。不要認為完成任務是被動的，對自己的人生，你永遠「大權在握」。「我之所以寫畢業論文，是因為我想拿到畢業證書，找個好工作」，「我之所以去聯絡那個討厭的客戶，是因為我想得到一筆可觀的獎金」，「我之所以每天早起跑步，是因為我希望到了暑假，我能以最好的狀態去見我暗戀已久的人」。當你不再拖延，你會發現生活在一點一點地變得精采。

 第一章　拖延有害，別讓它拖垮你的人生

忙，有時只是努力的一個表象而已

　　無論是床邊的座椅上堆積如山的髒襪子，還是滿是灰塵的書櫥，都無所不在地提醒著我們，拖延多麼影響我們的生活品質。然而面對越積越多的事務，我們已經逐漸習以為常，甚至對當下許多的拖延行為絲毫沒有察覺。等到你驀然驚覺被耽擱的事情不計其數，彌補可就比登天還難了。

　　沒有一個時代能像如今這樣，讓如此多的人掉入拖延的「漩渦」。如果我們跟我們的父輩和祖輩聊聊拖延這件事，他們的感受可能就沒有我們這麼強烈。過去的生活節奏比較慢，人們慢吞吞地完成為數不多的任務，因此也不會有那麼嚴重的緊張情緒。生活節奏越來越快，而人們仍舊停留在簡單悠然的心態當中，並且對社會生活節奏的加快很是反感。外界的事務越是來打擾我們心中怡然自得的悠閒，我們的內心越是抗拒，拖延症就越是找上門來。

　　在平時的工作中，不少人都曾遇到過這樣的場景：上級先後安排了幾件事給你，有些讓你立刻完成，有些是要求「這兩天」提交的，也有些屬於「不著急」的。你為了在上級面前表現得積極些，在上級發布任務給你時，你把每一件

忙，有時只是努力的一個表象而已

事都起了個頭。半天時間過去了，上司開始催促你上交應該「立刻完成」的那份任務，你於是忙不迭地改變計畫，準備先行完成上司催著你提交的那份。當你好不容易在限定的時間內做完，上司又在詢問你那份「這兩天」做完的任務的進度了。你每天都在加班加點，卻發現越來越多的任務被催繳⋯⋯在這樣的情況下，你忙得焦頭爛額，可是所有工作的品質都不是很好。

人的本性使然，在完成任務的辛苦和逃離的暫時舒適之間，我們傾向於選擇更令我們感到輕鬆的那個選項。一而再再而三地做出如是選擇，我們就這樣慢慢患上了拖延症。

而當我們的面前出現一項棘手卻不能不完成的任務，「躲還是不躲」就成了一個兩難的選擇。不少人「順從了自己的內心」，在逃避困難中獲得了短暫的輕鬆快樂。例如在聊天工具上消磨時光，在遊戲和動漫中躲避現實的壓力，在這期間獲得了難以言喻的輕鬆和愉悅。長此以往，在每次新的任務來臨之時，逃避也就「習慣成自然」了。

小黃的房間總是凌亂不堪，是親友口中出了名的「邋遢大王」。也正因為這個缺點，年近三十的小黃一直交不到女朋友。小黃的舅媽一週前打電話說要來看看這位外甥，小黃雖然記住了這件事，但是遲遲拖著不打掃房間。

這天，小黃的舅媽沒事先打招呼就提早到了小黃家。一

 第一章　拖延有害，別讓它拖垮你的人生

　　進門，舅媽發現竟然沒有下腳的地方。小黃不好意思地撓撓頭，趕緊扯了一條床單把凌亂的物品兜到床邊，這才為舅媽騰出一個落座之處。小黃的舅媽忍不住埋怨：「難怪你這麼大了找不到對象，哪個女孩跟了你，還不把她累死啊？」小黃滿臉歉意地說：「舅媽，我最近有點忙，本打算明天整理衛生的，沒想到您今天就來啦。」舅媽不以為然地撇撇嘴：「你哪天不忙？我哪次過來看你，你房裡哪次不是亂糟糟的。」小黃羞愧地低下頭。剛開始，的確是因為小黃本人不重視內務，總覺得不是男子漢做的事情。後來房間越來越亂，就乾脆不想收拾了。

　　每個拖延成習慣的人都聲稱，他們本來是想又快又好地完成任務的，而事實往往是，他們給自己定下了宏偉的目標，卻從來沒有想過當下就著手去做，於是美好的目標永遠存在於「明天」。拖延者並非像人們誤解的那樣沒有上進心，而是他們對完成任務的動力比不過浪費和打發時間的誘惑。

　　當拖延症患者的工作進度讓他們陷入一個較為被動的不利局面的時候，他們也曾打算力挽狂瀾，「加班」的習慣就是存在於諸多拖延症患者身上的一個難以改正的惡習。而事實上，「加班」並非真正努力，而只是一個努力的假象。工作積壓越多，彌補的難度越大，你自然而然也就陷入了無休止的拖延。久而久之，挫傷的是自己的信心和熱情，效率低下也就在情理之中了。

忙，有時只是努力的一個表象而已

　　拖延症扭曲了人們對時間的判斷，最明顯的表現就是「低估今天，高估明天」的錯覺。這恰恰是講求高效的社會裡普遍存在的「時代病」。無孔不入的資訊和資訊爆棚，讓人們變得急功近利，讓人們「這山望著那山高」，營造了一場幸福輝煌的未來，近在咫尺的海市蜃樓。千百年前，所謂帝王將相、才子佳人的奢靡生活並不為坊間所熟知，人們所見的只是詞曲裡低吟淺唱。而現如今，奢華的生活和平凡的生活的距離僅隔了一層電腦螢幕，是比較造成了不滿和焦慮。於是人們著慌了，成長路上本該付出的艱辛和曲折，被各種「速成法」擠壓得所剩無幾。人們逐漸被潛移默化出的「眼高」和殘酷的現實下的「手低」，形成了強烈反差，甚至讓人在無奈的現實面前心力交瘁。

 第一章　拖延有害，別讓它拖垮你的人生

同樣的工作，為什麼你「壓力山大」

　　壓力，是當今社會的年輕人無法逃躲的問題。工作難尋，房價持續走高，年輕人懷揣著的美好的夢在現實的打擊下顯得那麼脆弱不堪。

　　工作的壓力，對許多年輕人來說簡直是一場「噩夢」。尤其是那些剛進入工作職位的畢業生，一開始對前途信心百倍，對所有領域都抱有興趣，迫不及待要到職場上去「大展宏圖」。但入職了一段時間，揭開了工作的「神祕面紗」之後，年輕人對工作的興趣漸漸地減退，動力也大不如前。隨著日子一天天過去，上級會給他們安排越來越多的工作任務，應接不暇又缺乏歷練的年輕人被工作壓得喘不過氣來。

　　拖延和懶惰是造成工作「壓力山大」的「雙生子」。跟在校讀書不同，上班畢竟有一定的強度和壓力，而且機械的重複工作很難有什麼趣味性。有些以往過慣了養尊處優的日子的年輕人，上班感到疲勞和無聊的時候總想著偷偷懶，能拖一會兒就是一會兒。但是拖延到了任務提交的時間，原來的工作沒完成，新的任務又湧來，這讓自以為「一切都在掌握之中」的年輕人一下子措手不及。

從事銷售行業的文文跟另一名同事分別負責兩個大客戶的追蹤。任務開始之前，經理千叮嚀萬囑咐：「這兩個客戶十分重要，一定要爭取跟單。」文文和同事都表示，會把自己的十二萬分的精力放在這件事上。

第二天，文文拿起電話與他負責的客戶聯絡。客戶聲稱目前還沒有收到這批貨物，大概再過兩天貨物就到了，到時候再與文文進行必要的資訊回饋。文文當即表示，過兩天主動跟那名客戶聯絡。三天過去了，文文卻沒有撥通那位客戶的電話，他心想：「貨物到達那邊應該不會太準時，明天再說吧。哎，明天是雙休，算了，週一再說吧，反正週一那位客戶肯定也會和我聯絡的。」

然而到了週一，事情的發展出乎文文的預料。當文文再次打電話過去，客戶表示，那批貨物在上次他們通話的第二天就收到了。因為文文表示要主動聯絡，因此客戶沒有立即電聯文文。客戶表示對送達的貨物很滿意，但是第二批訂單已經交給另外一家供貨商了。原來客戶之前同時在兩家公司預定了貨物，另一家公司的貨物送達時間和文文所在的公司相似，貨物品質也難分伯仲。但因為另一家公司的跟單員和這位客戶聯絡相對及時，客戶就把訂單交給了另外一家公司。

文文後悔不迭，再看負責追蹤另一位客戶的那名同事，從接到經理的任務開始就一直在和他所負責的客戶溝通，週休二日之前他還特意打了一通電話跟客戶說明情況。結果那名同事又接到了新的訂單，漂亮地完成了任務。

 第一章 拖延有害，別讓它拖垮你的人生

最讓拖延者感到壓力的，莫過於同樣的一件任務，別人成功完成，自己卻鎩羽而歸。在市場競爭如此激烈的大環境下，每個人都面臨著被「淘汰」的壓力。「技不如人」的挫敗會給上司留下不好的印象，如果不能在其他工作中出彩，拖延者的職業前景就有危險了。另外，在規定的時間內，由於自己一個人的過失導致任務無法完成，而其餘人員都盡力了，這會使得拖延者內心產生很大的愧疚感。此外，出於普遍存在的忌妒心理，拖延者自己做事不盡如人意，而別人做的工作卻廣受褒獎，難免會引起不平衡的心態。

對競爭的恐懼感也是造成拖延下的壓力的一個心理來源。在競爭的環境下工作效率受到影響，歸根結柢是害怕失敗的心理在作祟。拖延者表面上對挑戰毫不熱衷，實際是在用拖延掩飾自己也渴望成功的野心。恐懼競爭的拖延者們可能會延後開始複習的時間，讓自己的成績平平；有取得獎金和獲得晉升的機會不去爭取，甘心做一個普通職員。這些「淡泊名利」的背後，其實是他們在害怕去獲取成功的過程那份未知的恐懼。

更糟糕的是，拖延引起的這種「壓力山大」會導致不良的「連鎖反應」。看到別人完成得那麼出色，自己卻落在後面，難免心理有所失衡；當下一份任務來臨，習慣拖延的人可能會產生自暴自棄的想法：「算了，反正無論我怎麼努力做得也

沒有他優秀,結果都一樣,還是這麼拖著吧。」這時的拖延掩蓋了對失敗的自卑和恐懼,實則是屈服於壓力的一種自暴自棄的行為。

一份任務分配下來,積極進取者會立刻投入著手去做,而習慣拖延的人從一開始就在給自己找各種理由延後工作時間。「現在工作環境太嘈雜」、「我有點累,不在工作狀態」、「我前期準備不夠完善,等到準備充分再開始吧」、「我在起步的時候沒有取得領先地位,這意味著我在後面也不可能有機會」。找理由永遠是最簡單的,而面對任務的勇氣和決心才是我們不可或缺的正確態度。把「我以後做」變成「現在就做」,得到的結果將大不相同。

現在,各公司制定的工作時間普遍是每星期40個小時。這個被我們司空見慣的現象背後是有科學依據的。1926年,美國福特汽車公司的創始人亨利‧福特在他的工廠裡進行過一個實驗,且取得了不錯的成功:他將工人每天的工作時間由10個小時降為8個小時,並且把每週工作的天數從6天改成5天,工人的工作效率有了明顯的提升。「與每週工作時間40小時的團隊相比,如果一個團隊每週工作時間超過60小時,只需兩個月以上,這個團隊的效率就會下降,而他們完成同一專案的時間將會變長。」

許多人過於依賴於把未完成的工作帶回家中,而且總是

 第一章　拖延有害，別讓它拖垮你的人生

高估了在電視電腦的干擾下，睡前的幾小時所能完成的工作量。然而有研究指出：「每晚少睡一個小時，持續一週，將會導致人的認知水準出現退化，相當於血液內酒精含量達到 0.1 時的喝醉狀態。」如果你在工作的時間段沒有充分利用時間，而在晚上卻通宵加班，長此以往，你的老闆很有可能對你猶如宿醉般的迷糊狀態大為不滿，一氣之下把你解僱。

面對工作是否會感覺到「壓力山大」，最終取決於你對習慣性拖延的抵禦能力。人與人在智力上本沒有太大區別，面對那些透過一番努力一定可以完成的工作，如果由於拖延而導致「技不如人」，比真正拚命努力了結果卻不盡如人意還要痛苦 100 倍。

再等一下？誰來還你健康

美國報刊上曾經刊載過這樣一則驚人的消息：在所有患有青光眼的病人中，70% 的人僅僅因為沒有按時滴眼藥水便面臨失明的危險。同這則案例類似，多少原本可以治癒的病症在一次又一次「再等一下」中延誤了最佳治療時間，釀成了嚴重的後果，甚至奪去人的生命。拖延並不是無傷大雅的小毛病，它對人的心理和生理的危害是不可小覷的。

老魏三天前午餐吃魚，感覺魚刺卡在了咽喉部位。如果他當時立刻去醫院把魚刺拔出來，所花的費用不過幾百元。可是習慣拖延的他嫌就醫麻煩，按照偏方喝米醋、吞饅頭。當時的確沒有感到喉嚨痛了，幾天後卻覺得胸口疼痛難忍。如果那時到醫院，醫生也能夠用胃鏡取出魚刺，加上麻醉的花費也不會超過五千元。可是他依然不認為事情很嚴重，僅是去了不遠處的小診所打了點滴，然而效果不佳。最後他實在難以忍受疼痛，到醫院做檢查，結果是食道穿孔，尖端緊貼主動脈。老魏因一根魚刺做了個大手術，花費了好幾萬元。

有些人平時對看似無關緊要的腰痠背痛不以為意，一直拖延到痛苦已經無法忍受才去看醫生，檢查之後的結果會讓你萬分後悔沒有早些就醫。儘管你最終還是做到了及時「止

 第一章　拖延有害，別讓它拖垮你的人生

損」，沒有造成威脅到生命的嚴重後果，然而如果繼續拖延下去，健康會距離你越來越遠，這也是不言而喻的。許多老年人都是由於身體出現了較輕微的區域性疼痛而沒有引起重視，到醫院檢查的時候才驚覺已經引起了一系列併發的症狀，如果早些止住就好了。

一家大型健康機構曾經針對偏遠地區的老年人進行過一次健康調查。調查結果顯示，關節病、慢性肺病、消化系統疾病以及牙病的患病率比較高。而這些疾病多屬於慢性病。調查還發現，老人們普遍有著「看病太麻煩，忍忍就算了」、「大病要看，小病就忍」的觀念，而且，即使到了不得不就醫的情況，老人們的態度也不夠積極，認為「有時間再去」就好。用高血壓這種老年人常見病舉例，老年人即使測出了身患這種疾病，也有超過半數的老人選擇不去治療；在接受治療的老年人中，堅持長期服藥的僅有 1/4，間斷服藥的占不到半數，而有將近 1/3 的老人一旦症狀消失就停止了服藥。

除此之外，「不痛不治」的老年人也占到相當一部分比例。

許爺爺平時走路的時候一瘸一拐，陰雨天膝蓋疼痛得厲害，診所醫生說是得了關節炎。許爺爺也不在意，實在疼痛難忍才找醫生拿一些藥。本來是可以儘早得到控制的病，卻由於拖延，讓症狀持續地加重了。

除了生理上的病患，拖延還可能造成一系列的心理問題。例如：拖延可能引起焦慮症。焦慮是人面對困難或危機時，產生的緊張和不安全感。當面臨未知的新工作時，擔憂和焦慮的來臨並不可怕，我們不妨告訴自己說「現實並沒有那麼恐怖和糟糕」。拖延還可能引起初老症。初老症與過大的生活壓力和人們越來越差的心理承受能力有關。其實，我們若能勇敢承擔起責任，克服目前任務進展不夠順利的困難，就能使人生回到正常軌道上來。另外，我們每完成一件任務，不妨給自己一個小小的獎賞，吃一頓喜愛的美食，或者約三五好友看一場電影。不時給生活來點「小驚喜」，也有助於消除工作中的乏味感。拖延症還會給人造成極大的自責心理。有人會質疑，自責能算是心理問題嗎？但是，如同雙肩有承載不起的重負一樣，心理也有承載不起的重擔。不停地拖延、不停地悔恨會消耗掉很大的精力，在此期間人根本無暇顧及眼前的工作。自責帶來的心理創傷需要不小的努力去修復。

永遠記住：世界上再沒什麼比健康更重要的了。身體健康和心理健康同樣該受到重視。許多人深陷於不斷拖延不斷加班的惡性循環中無法逃離，熬夜變成了他們的「家常便飯」。晚睡有諸多危害，對人體造成不可逆的損傷。睡眠不足，人會出現頭痛、掉髮、注意力不集中、免疫力下降等一

 第一章　拖延有害，別讓它拖垮你的人生

系列問題。經常睡眠不足的人，新陳代謝會發生紊亂，可能引起面色暗黃、滿臉痘痘，還可能造成肥胖和生殖系統功能下降等問題。

　　健康無小事，由於拖延而損害健康，是一種非常不明智的行為。對於健康方面的問題，每個人都要有「及時止損」的意識，才能讓生活更加自在和快樂。

今天的小問題，明天的大麻煩

長期在「格子間」工作的人們太熟悉這樣的情形了：手頭明明有許多工作卻不願意立刻著手完成，寧可採用上網的方式消磨時間，直至把今天的小問題拖成明天的大麻煩。原本為了讓我們的生活變得更方便高效的網路，竟成為了「時間殺手」。心理師們認為，網路的出現使人們充分利用碎片化時間成為可能，而且由於這種「碎片化」的形式，拖延者常常沒有過重的心理負擔。「雖然拖延的背後可能是成千上萬種理由，但促使大部分人養成這個習慣的原因都是因為他們無法面對工作帶來的緊張感，所以他們選擇用別的方式逃避。」

「如果我拿兩個鐘頭去做運動、看電影，我覺得我浪費不起，但如果我用 3 分鐘的時間滑一下 IG，我就會覺得可以承受。」這是不少人的內心想法。然而，雖然你內心暗暗地說「我就花 3 分鐘瀏覽一下臉書」，而事實通常是，你的行為不受思想的控制。你很容易在瀏覽網頁的過程中把精力分散向四面八方，當你「大夢初醒」時，你很可能已經耽擱了半個小時。

世上的麻煩事太多了，可是有多少不是本來就可以避免的呢？有多少是我們太怕費心費力而讓它變成了真正困擾你

 第一章　拖延有害，別讓它拖垮你的人生

的大麻煩呢？往大了說，例如橋梁的建造，有時候只因為在設計或者搭建的時候因一時懶惰而疏忽了對偷工減料的監督，造成橋塌房倒的悲慘情形；有些居家住戶由於懶得維修家電以至於造成火災，這些慘劇不斷為我們提供前車之鑑，可是又有多少人真正改過了呢？

人的意志力終歸是有限的，人們本能的「趨吉避凶」會使人不由自主地放下手頭的麻煩事，享受一時的安逸和輕鬆。然而這並不是明智的選擇。我們之所以暫時沒有得到拖延的教訓，只是因為我們所遭受的代價還不夠大。人的大腦會有「權衡利弊」的機能，人之所以在遭遇麻煩的時候還會拖延，是因為目前的問題還沒有嚴重到無法解決的地步。然而，當小問題積聚成了糟糕的大麻煩，往往會出人意料且釀成慘劇。

一場突如其來的暴風雪讓列車被迫晚點，加班看來是在所難免了。每當這時，車掌皮特都會忍不住嘟囔：「什麼鬼天氣，又要加班了。真是煩人！」他一邊小聲地自言自語，一邊在腦海中盤算著如何偷懶。

這場暴風雪影響的不只是皮特所在站的列車。一列快車由於暴風雪的影響，不得不改變軌道，開到了皮特所在站列車的軌道上。列車長接到消息，立刻對皮特發出了指令，讓他拿紅燈到後車廂去。皮特是有經驗的老手，不可能不知道此事的嚴重性。然而懶惰和拖延讓他很快想起後車廂還有

今天的小問題，明天的大麻煩

兩位車掌，於是沒有特別把這件事放在心上。皮特拖拖拉拉地，還跟列車長開起了玩笑。列車長立刻嚴肅地對他說：「人命關天，那列火車馬上就進站了！」

皮特雖然當時正色回應了列車長的要求，但他一心以為這件事沒有那麼嚴重。皮特晃徘徊悠、吹著口哨優哉遊哉地向後車廂走去。等將要走到的時候，這時的皮特猛然想起此刻後車廂沒有人，那兩位車掌二十分鐘前就被調到前車廂去了。

慌了神的皮特向後車廂飛跑，然而已經太晚了。兩列火車發生了嚴重的追撞，巨大的撞擊和爆炸聲以及乘客的呼喊聲沖天而起⋯⋯

後來，人們在一間倉庫發現了瑟縮著的皮特──他已經瘋了。

一個細微的疏漏甚至會攸關性命，拖延症實在是太可怕了。我們總會把做事情時的小小延遲當作理所當然，又將這樣的「理所當然」發展成一種習慣，在如此的「習慣」中，我們聰明反被聰明誤。拖延並不是一件無傷大雅的小問題，嚴重時它會造成不堪設想的後果。這樣的現象用「蝴蝶效應」來解釋是最為合適的。

人在拖延症初期，可能會造成生活中的一些「無關緊要」的小麻煩，例如飯後懶得洗碗，一段時間過後，桌子上堆滿了鍋碗瓢盆，既不雅觀也不衛生。拖延症中期，會引發相對

037

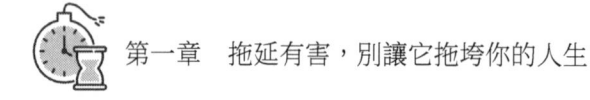

第一章　拖延有害，別讓它拖垮你的人生

嚴重一些的後果，而且難免會夾雜一些小不安和小抱怨。信用卡滋生了不少人的拖延症，特別是在網路銀行還沒有普及的那些年，還款需要到外面的自助提款機才能完成。還款期限降臨，不少人一再拖延，直至逾期補交不少滯納金。拖延症後期，可能會造成無法挽回的遺憾。「樹欲靜而風不止，子欲養而親不待」，多少工作繁忙的上班族一直沒能給從沒出過遠門的父母策劃一個遠途的旅行，直到父母年事已高，這份計畫就成了永遠的憾事。

　　問題出現之初，立刻付諸行動才是避免麻煩和災難的最佳方法。不少人在問題剛剛發生時認為不過是一個小小的毛病，自己一定能夠力挽狂瀾。不少人認為自己只是做事情的習慣有點拖拖拉拉，根本就沒有那些天災人禍的事情威脅到生命安全，那些故事只是個例，未免有些太危言聳聽了。

　　白天昏昏欲睡，晚上精神亢奮，日夜顛倒造成了工作效率的低下，不僅不利於事業發展，也極大影響健康。在工作時間以最高的效率完成工作任務才是最重要的，磨洋工並不會讓你比別人多做一些任務，反而令你得不償失。那麼習慣晚睡的拖延者們又該如何擺脫這一不良習慣？不妨事先將一天的工作時間和任務計劃好，擺放在辦公桌顯眼的地方，不時地看一眼提醒自己。即使無奈要加班，也應嚴格按照預先的規劃，不妨給自己硬性規定待完成的工作量和截止時間，

做自己的「監督者」。

　　日復一日的拖延會積少成多,讓工作停留在一個「永遠完不成」的狀態,對拖延者造成巨大的心理壓力。長時間不能按照計畫完成工作,對拖延者的誠信損失也是巨大的。無論是友情還是合作關係,都會在心理上造成不良影響。拖延之後的空虛感和無聊感是最能摧毀一個人意志的「毒藥」,就像沉迷網路一樣,給人造成的損失是不可估量的。

　　拖延就像「滾雪球」,雪球越滾越大,麻煩越拖越多,直到積少成山無法解決。拖延總是表現在各種尋常事情上,而未來看似還很「遙遠」;然而拖延就如此「溫水煮青蛙」地讓我們失去了不少機會。今天的小問題,未來的大麻煩,到造成嚴重後果之時,我們就悔之晚矣。

第一章　拖延有害，別讓它拖垮你的人生

拖延，讓你成為習慣性撒謊者

麗麗是寢室裡出了名的「小烏龜」。這天，室友問她：「學年論文完成了沒有啊？老師說可以交了。」麗麗忽然想起，這是指導教授半個月前就通知大家的事了，而她的論文自從上週末晚上心血來潮寫了一段開頭之後，就再也沒有動過。然而她脫口而出的是：「差不多了，我今晚熬夜就寫好了。」到了第二天上午，室友要拿論文去找老師過目，喊麗麗同去，麗麗躲在被窩裡嘟囔：「其實我……寫好了。只不過還想再檢查檢查，修改一下。」室友剛一出宿舍門，麗麗連忙起來趕工……

這並不是麗麗第一次說謊了。星期天上午，另一名室友約麗麗一起打球，麗麗卻一覺睡到了「自然醒」。室友等得著急了，打電話給麗麗，「妳什麼時候下樓？」麗麗揉著惺忪的睡眼，正躺在床上發呆，但她告訴室友：「已經起來了，正在穿外套呢。」15分鐘過去了，室友又一個電話：「不是已經起床了嗎？」「再給我5分鐘，馬上就下去。」麗麗慢吞吞來到廁所，準備刷牙……

拖延往往會影響工作進度和效率，為了彌補在不知不覺間與別人造成的「差距」，不少人用說謊來圓場。如果對每一次因拖延造成的失約、遲到、未按時完成任務等都用謊言去

推脫，那麼長此以往，拖延者就會形成「習慣性撒謊」。

　　習慣性撒謊的人為了讓自己的話有可信度，編造了一套自己都相信的謊言。特別是一些本身具有一定魅力和影響力的人，說謊的大致方向和這個人給人的印象出入不大，其他人就很容易相信。如果一些人平時工作的業績確實很優秀，實際生活中又極少說謊，那麼他的謊言就更容易被人們信以為真。

　　因為拖延而說的謊話，極有可能像滾雪球一般引發一系列謊言。面對是靜下心來學習還是選擇玩樂，人很有可能一次次屈從於眼前玩耍的快樂和輕鬆，而把能夠帶來美好的學習放在後面。因為未來的輕鬆與眼下是有距離的，而眼前的快樂又是近在咫尺的。網路具有雙重性，一方面它是現代人不可缺少的工作工具，另一方面又是娛樂的工具，很容易讓人陷進去。有些人整晚上漫無目的地在網路中遨遊，開啟一個又一個用處不大的網頁，在茫然中任時光流失。有些人整夜玩遊戲、打撲克牌，沉浸其中無法自拔。對這些行為，他們也不是不懊悔，也不是不想改正，甚至屢次把遊戲卸載，但往往以失敗告終。這些人大多在現實中不得志，因而在虛擬的環境中逃避現實，暫時忘卻現實世界帶來的煩惱。當我們悠閒地在網路上衝浪時，心裡很清楚應該利用這段時間做事。所以雖然人在線上，但心裡一直有負罪感。

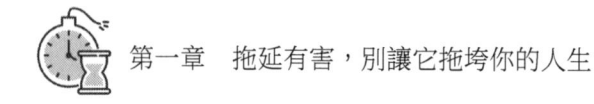

第一章　拖延有害，別讓它拖垮你的人生

　　拖延有時是因為不夠自信，對如何做好事情有恐懼感。拖延的人常常對自己撒謊，總找出一些不做的理由安慰自己，不敢面對現實。我們打電話要求拜見某個人，這個人地位比你高，或者你有求於他，因而你的內心是抗拒與對方見面的。如果電話打不通，你感覺到的不是遺憾而是如釋重負。有些人感覺任務太難了，憑自己的能力很難勝任，那就等明天或以後再做吧。有些人因為某個任務存在一定的難度，恨不得出點意外情況，躲過這個棘手的任務。

　　許多人從小就有這樣的經歷：為了免受來自父母的責罰，謊稱自己的作業已經完成了。你得到了說謊帶來的好處，就會忍不住一而再，再而三地繼續欺騙下去，作業也會一天天地堆積成山。小時候的我們不願意完成作業，一個很大的原因是作業是「被強迫」的。對小時候的我們來說，這件任務似乎是在替他人完成，不能讓自己獲得任何價值。這是一個無奈的事實，一直延續到我們長大。許多職場新人不願多做一些、多知道一些，相當程度上就是認為自己不能從中獲得任何好處。帶有牴觸情緒去工作自然不能帶來好的效率，為了保全「面子」和工作，不少職場新人就這樣進入了撒謊的行列。

　　當任務被拖延和堆積，勢必會給我們帶來焦慮和恐慌感。如果立即著手解決，很可能會帶來新的麻煩和挑戰，這

與我們本性中渴望安逸、維持現狀不相符。比起接受棘手的挑戰，我們的潛意識認為說謊會付出更少的代價，而能收穫更多，於是我們照做了。然而彌補一個謊言卻需要更多謊言支撐，我們在這上面所花費的心力，很可能比一鼓作氣完成任務還要高出不少。更讓我們不願看到的是，謊言遲早會有被揭穿的一天，我們要麼被迫去承擔拖延帶來的一切糟糕後果，要麼必須在被揭穿之前把由於拖延欠下的「債務」還清。時間更加緊張，而我們要完成的任務卻一個不少地在那裡，如此的「慘痛」只有親身經歷才會深刻理解。

我們習慣性說謊，相當程度上是因為我們總在害怕開始。付出和回報之間關係是不確定的，只要我們開始進行某項任務，一定會遇見諸多的失敗、錯誤，甚至要重新來過。然而說謊會讓我們在這件事情上「立刻得到回報」，此前的不確定感消失了。我們的大腦讓我們在「不確定是否會有回報」和「立刻看到效果」之間選擇了後者。然而這僅僅是個幻象。拖延不會讓你真正獲得和付出相匹配的收穫，說謊也不會讓你的任務進度向前推進一分一毫。

拖延如果僅僅發生了一兩次，還不至於用許多謊言來填補。然而如果某人對謊言已經產生了依賴感，遇到任務時內心並不想認真完成，而是千方百計構思下一個謊言，問題就比較嚴重了。拖延症患者的謊言不只是欺騙別人，也在一次

第一章　拖延有害，別讓它拖垮你的人生

一次欺騙自己。「我現在狀態不好，明天會更有精神」、「我做事情就是喜歡留到最後，這樣我的工作熱情會更大」等。然而第二天，拖延症患者沒有像他預想的那樣精力充沛，任務都拖到了最後，工作完成的效果也並沒有更好。

行動，從解決手邊的問題開始

不少企業都為每年的應徵活動而煞費苦心，許多企業的管理者都在為降低應徵費用絞盡腦汁，卻沒有考慮到要縮短應徵時間。而事實上，漫長的應徵每年都要讓大多數公司浪費掉不小的開支。許多企業會陷入這樣的失誤：他們以為花費更多時間來應徵可以納入更好的員工，以為應徵時間越長，他們就有更多的時間來收集、比較求職者資訊並仔細考慮候選人。然而遺憾的是，越是拖延應徵的流程，新員工的品質可能就越低。其主要原因是，隨著企業應徵過程的拖延，熱門候選人很可能會因為找到了其他的工作而退出面試，只留下程度相對弱一些的競聘人。多數管理者最終應徵到的人，都是在延遲應徵後剩下來的候選者，也就是說，很可能只是達到平均水準甚至更差一些的應徵者。

企業往往對應徵者有著諸多要求，然而他們宏大的應徵規劃卻常常忽略了時間因素。「如果能把壓下來的履歷及時翻翻就好了，」一位人力資源部的 HR 說，「最後會發現手頭上的資源其實是最有價值的。」

不幸的是，制定出詳實可行的計畫並且圓滿完成的人少之又少。不堪的拖延經歷我們曾經歷過不少，我們會發現手邊的一些事物是我們拖延的最大誘因。有些人養成了在任務

第一章　拖延有害，別讓它拖垮你的人生

開始之前先滑手機的習慣，覺得這樣可以幫助自己放鬆下來。一旦開始瀏覽社群網站，他們又很容易被各類事件及迷因吸引住，等回過神來準備「大幹一場」，卻感到疲憊不堪，又開始心生倦意。就這樣不知不覺間，工作時間被荒廢掉了。另外，幾乎每一次拖延都和所處的環境有關。

沙發是導致我們拖延的一大「罪魁禍首」。特別是剛剛回到家中，沙發似乎對我們有著「致命吸引力」。每當我們將自己整個人「埋進」沙發，不大一會兒工夫就有可能進入夢鄉。一旦睡著，晚上七八點鐘的「黃金工作時間」就被我們耽擱過去了。如今不少年輕人都成為了「低頭族」，手機對我們時間的消耗不言自明。各種訊息提示的聲音讓我們異常浮躁，我們隨時把手機放在身邊「待命」。甚至，當手機所剩電量不多時，我們心急火燎地四處找充電器。在不時地打字和嬉笑聲中，我們不知不覺間把正事遺落在腦後了。當你好不容易邁進自習室，準備集中精力「大幹一場」時，身邊朋友的一句話一下子為你們展開了無限的話題……你們好幾次約好不再說話，卻忍不住又想起了新的趣事。如果想要戒除拖延，最好的方法當然是開始解決手邊那些讓你忍不住陷入拖延的因素。

戒除拖延症要從改變身邊的環境下手。下面給出一些幫助你斷除拖延環境的方法，希望對你有所幫助。

不斷彈出的 LINE 訊息讓我們無法專心工作。好不容易回覆完一些，更多的訊息又如雪片般飛來，將我們的整塊時間無情地切成碎片。碎片化時間最大的壞處是讓我們白白浪費了不少時間在思維轉換上，工作效率也因此下降不少。當我們從高度集中的工作狀態中抽離，去回覆哪怕只是占用你 5 分鐘的幾條信息，這時我們會發現很難再次恢復到原先的工作狀態，甚至還在對剛剛的聊天內容意猶未盡，也許不少靈感就這樣被錯過了。為了防止手機「侵吞」你的時間，可以選擇把手機關機或拿得遠遠的，甚至可以直接把手機鎖進抽屜，鑰匙交由公司櫃檯或同事保管。

許多工作任務需要依靠網路進行，而各種休閒的網站隨時都在誘惑我們停下腳步。瀏覽各種網站直接拉低了我們的工作效率，特別是一些需要持久深入思考的任務，這樣的「來回切換」顯然對我們高效地完成任務不利。建議你在網路上下載一款可以封鎖掉社群軟體的軟體，同時設定好「封鎖」的時間限度，然後就可以集中精力工作下去了。在這個時間段之內，我們無論如何也打不開那些被我們封鎖的軟體。

還有一個方法是尋找充滿自律的工作環境。如果你是一名大學生，那麼自然就有得天獨厚的優勢了，你可以去圖書館或者學校的自習室自習。如果你是一名上班族，可以選擇下班後或者週休二日去圖書館或大學教學樓的自習室。有人

第一章　拖延有害，別讓它拖垮你的人生

可能認為在路上也需要花費不少時間，然而如果待在家裡，你很可能很快就被電視、電腦吸引住了，浪費的分分秒秒也就不只是來回路上的時間了。況且在捷運上，你完全可以聽聽廣播，背幾個商務英語單字，「不積跬步，無以至千里」。

我們在前面分析過，許多時候我們拖延是由於眼前的任務有難度，我們由於恐懼就一直拖著不做，直到事情迫在眉睫，才亂做一氣草草了事。如果我們不望著難以完成的任務戰戰兢兢，而是把注意力轉向具體完成這一任務的過程，我們的內心便不會產生太多畏難心理，拖延心理對我們的操控度也會減弱許多。例如：當你眼前有一份長達十頁的論文要寫，你可能會心煩意亂不願開始。但如果你給自己定下這樣一個目標：「接下來的一個小時，我要把這10頁論文完成。」於是你有了具體可行的措施，集中接下來1小時的精力去完成論文。也許1個小時並不足以讓你把10頁論文搞定，但你至少完成了其中的一部分。你此時所面對的就不是整個的一大項任務，而是剩餘的那部分。這個治療拖延症的方法看似簡單卻十分有用。這個方法會幫助你在一個又一個分隔開來的工作時間段中，完成許多看似難以完成的任務。

設定獎勵可以為治療拖延症提供充分的動力。比如你計劃花費3個小時學完兩課日語教材，如果你成功地做到了，就可以在晚間獎勵自己一部電影看。完成任務後的娛樂會讓

你渾身放鬆；而白天渾渾噩噩，許多工作連頭也沒有開，那麼下班後的娛樂會讓你充滿了負罪感。我們工作時大可懷著輕鬆愉快的心情，因為知道前面還有一個「獎勵」在等著我們，而放鬆的時候也盡可以享受愉快的當下。沒有拖延，心理上就不會有負擔。

第一章　拖延有害，別讓它拖垮你的人生

第二章

「戰拖」宣言：
成功你好，拖延再見

第二章 「戰拖」宣言：成功你好，拖延再見

恐懼行動，因為你有拖延的基因

如果你經常發現自己很晚才開始做事，臨近最後期限又草草結束，你就要告訴自己：也許你正在恐懼行動。我們長期以來習慣於把拖延稱為「病症」，然而我們是否想過，這種「病症」可能會被遺傳呢？習慣拖延的人，是否體內就有造成他們拖延的「基因」呢？

疑似具有「拖延基因」的人還真不少見。無論週休二日還是寒暑假，作業一定要拖延到開學前幾天晚上「奮筆疾書」；早上九點上班，我們卻總是為臨近遲到邊緣的那班車擠破頭；一次次把工作任務帶回家裡，卻原封不動地拿回公司……這幾乎成為不少朋友們的生活常態了。美國心理學會拖延症主要研究者、德保爾大學心理學教授約瑟夫・R・費拉里博士出版了《萬惡的拖延症》(*Still Procrastinating*)。他在書中寫道，曾對1,600名成年男女進行追蹤調查，最終發現慢性拖延者竟然占到總數的1/3左右。

曾經有一份美國的調查報告聲稱，在美國，70%的大學生都曾或多或少地有拖延行為。調查報告中指出，45%的大學生曾經拖延完成導師要求的論文作業。63%的大學生非常

願意改變他們的拖延行為，其中大約 25% 的大學生認為自己的拖延症已經相當嚴重地影響到了自己的學習和生活。心理專家針對他們的讀書習慣、學習態度等進行了一系列調查研究，所有的資料數據還不足以把「拖延症」定義為一種心理疾病。

時至今日，拖延症早已成為被廣泛討論的議題，不少心理學家也紛紛投入相關研究，試圖研究出拖延症的實際性質和由來。美國科羅拉多大學波爾德分校的心理學家丹尼爾‧古斯塔夫森在研究論文中寫道：「每個人都會不時拖延一下，我們想知道，為什麼有些人會比其他人更喜歡拖，為什麼有拖延症的人，更容易不加思考地做出草率的決定。知道了為什麼，便能讓我們知道拖延症到底是什麼，以及如何減輕拖延症症狀了。」

心理學家亦在研究拖延行為和心理特徵之間有無關聯。在有可能造成拖延行為的心理現象當中，比較受人關注的是焦慮、猶豫、反向心理、完美主義等。拖延症並不僅僅是讀書習慣不佳的小毛病，或是時間管理不到位的小失誤，而是與憂鬱、焦慮、自我評估失準明顯相關的行為。這也意味著，拖延症有著深層次的心理原因。

目前並沒有確鑿的證據顯示世界上確有「拖延基因」的存在，但是的確有一些生物因素是造成拖延症的誘因。例如：

第二章 「戰拖」宣言：成功你好，拖延再見

假如你具有失眠、憂鬱症、強迫症等，大腦分泌出的一些物質確實會加深拖延症的可能。當你被迫進行讓你感到厭倦的事情，「這一講線性代數我完全理解不了」、「我最討厭花費整整一個下午來打掃環境」、「我雖然知道我還有一份企劃要寫，可我完全動不起筆來」。即使你表面上可能並沒有什麼反應，身體也會產生某些不舒服的感受。

文華的母親在生她的時候不幸得了產後憂鬱症。在文華的成長記憶當中，每次她希望得到母親的關愛或者想要跟母親一起大笑的時候，母親的反應一直十分平淡。值得慶幸的是，文華在學校裡一直是個好學生，功課一直不錯，運動會上也努力取得了好成績。但文華的壓力卻非常大，她每天放學後都不知不覺延後做作業的時間，每次比賽前的訓練也經常姍姍來遲。文華沒有意識到的是，她每天都背負著巨大的壓力，她的優秀實際是想要爭取母親對自己的重視。

當「拖延症患者」開始著手做某件事的時候，過去的那些不愉快對大腦的影響，讓大腦不斷發給這個人焦慮不安的訊號。此時，拖延者可以採取鼓勵和同情的態度對待自己的反應，慢慢「安撫」自己的情緒。接受自己的記憶，才能撫平內心的創傷。當不快的記憶出現就溫柔以待，多次重複之後，大腦會逐漸體會到「安全感」，身體的感覺會更加良好，運作也更加穩定。

恐懼行動，因為你有拖延的基因

衝動性是人們十分重要的行為特徵之一，是指因微小的刺激導致人的行為突然發生，沒有經過事先計劃，也極少考慮過後果的行為。日常生活中，超市大減價時候的衝動性消費就是一個典型的例子。那麼，衝動性與「拖延基因」的關係何在？比如一名學生，為了一個月後的考試準備複習。在複習的過程中，他忍不住拿出手機回覆訊息……由於考試在一個月後，結果還不會立刻顯現，而回訊息的快樂卻是可以立刻突顯的，因此這名學生更傾向於玩。如果我們將時間向前推進，假設這名學生只剩下一週的備考時間，那麼他讀書的緊迫感會大大高於娛樂的動機，複習的效率也會直線上升。

每當做出一次拖延的選擇，暫時的快樂與滿足會讓我們忘記即將付出的「慘痛代價」。然而，大凡在事業上取得成功的人士，遇到事情立即行動，從不拖延。這類人士可以把認定了的事放在第一位去完成，且只是發揮了本身潛在能力的極少部分，就把問題輕鬆地解決了。因為他們捨不得浪費一分一秒，才會創造出一個個奇蹟，讓習慣拖延的人們可望不可即。一張地圖，無論製作多麼精美，比例多麼精確，它都不可能幫助主人在大地上移動半步。行動起來，我們才會離夢想越來越近。

第二章 「戰拖」宣言：成功你好，拖延再見

道理都懂，但行動力還是很差

拖延的危害數不勝數，即使是古代歷史人物也難逃拖延之害。著名的赤眉軍起義中，赤眉軍本已打得鄧禹一方實力大減，赤眉軍若能抓住當時的良機全面進攻，大可以一舉消滅鄧禹。可惜，赤眉軍因迷信整整延後了一天進攻，留給其喘息之機，讓戰局整個扭轉了。我們都知道拖延的危害，然而這個「症狀」恐怕已經相伴多年。不少人都有過這樣的困惑，關於拖延症，聽到的道理也算為數不少了，但是在改正拖延的具體實踐中，為什麼我們總是一次次恢復到老樣子了呢？

許多人都曾因為喜歡外語而決定自學，一天看一課，幾天過去就覺得無法堅持，你的外語書就這樣被擱置了。你也許曾經喜歡健身，為了減肥去了 3 個月健身房，天天發限動激勵自己，後來工作忙了起來，健身的「大計」就再也不提了。

小鄭在國外留學，當這學期臨近期末的時候，教授要求每人交一篇 6,000 字的論文。其實這篇作業教授在開學之初就叮囑了每一位同學，還特意說明這次的論文頗有難度，依

他往年教學的經驗，一般要提前2個月著手查閱文獻才來得及。然而，「聰明」的小鄭依據他以往臨近期末瘋狂趕寫論文的經驗，認為自己提前半個月開始就一定能完工……等到距離截止時間還有2個星期，小鄭躊躇滿志地準備動筆了，卻發現參考文獻不是一般的多。當他好不容易寫完了一大段，卻發現新出現了許多需要尋找的問題……小鄭緊趕慢趕，終於勉強上交了一篇臨時「堆砌」起來的文字，而集中趕論文又影響到了他對其他科目的複習。

另一種阻止我們懂得道理之後立刻著手去做的因素就是，我們已經發現事情非做不可了，但是在巨大的任務壓力面前，我們感覺到無從下手，因此延後了我們的行動。這樣的行事方式不利於我們完成任務，而且隨著任務越積越多，我們的心理負擔也會越來越重。你或許會一邊不斷地「催眠」自己「也許會有好結果」，一邊陷入更大的恐慌和焦慮之中。只要一天不完成任務，這種壓力就會如影隨形跟隨著你。

那麼，我們該如何開啟這「不可能完成的任務」？將龐雜的任務一一分解也許是個好方法。把整塊任務按照所花費的時間、精力等分成幾部分，事先列好計畫也許是最容易著手的。把事情從停滯不前的層面上升為腳踏實地地去做，我們就會對完成任務實際會花費掉多少時間心中有數。這樣既不會過於樂觀地猜想了完成任務所需要的時間，又不會因為工

第二章 「戰拖」宣言：成功你好，拖延再見

作看上去無從下手而產生逃避心理。把大的任務細分，可以幫助我們順利完成觸手可及的每一步。不少女孩都有著想要變美的願望，卻遲遲拖延著不去實施「美麗計畫」。如果妳過分奉行完美主義，可能會提出「我要像某明星那樣美」，這可能是不切實際的。而當妳設定一個可達到的目標，如購買適合自己的護膚品、每天保證 12 點前入睡、練習化妝技術等，任務實現起來就容易得多了。

自己一個人努力似乎差了一點點動力，從周圍尋找志同道合的朋友也許會讓你更有動力。和做事麻利、執行力強的人交朋友，把努力奮鬥取得成功的人當作自己的偶像，努力向對方靠攏，相信你也會越來越成長成為不一樣的自己。職業運動員是「意志力強大」的「代名詞」之一，國際米蘭的前隊長哈維爾・薩內蒂，早在 17 歲開始進入他的職業生涯，直到 41 歲光榮退役，一直保持著這樣一個雷打不動的習慣：每天跑步 3 公里，即使新婚之日和聖誕節也不例外。這位以阿根廷人的身分擔任國際米蘭隊隊長 15 年的球星，在三十多歲的「高齡」參加比賽，奔跑的速度和活力仍然像是不到 20 歲的年輕人。以這樣的明星為榜樣，拖延症也就不再是難以跨越的「鴻溝」。

「立刻行動」的理念對我們的人生幫助很大，它能增強我們的行動力，即使對於不喜歡不感興趣的工作也能很快地完

成,而且能抓住稍縱即逝的寶貴時機實現夢想。再多的道理都不如立刻行動,即使在任務完成的過程中有時感覺很累,我們也要學會鼓勵自己:「再堅持一會兒,等全部完成就可以徹底地放鬆了。」先從難度較低的事情做起,逐步提高任務的難度和時間的長度,你就會發現做事情越來越順利了。

第二章 「戰拖」宣言：成功你好，拖延再見

心急如焚的時候，你為什麼還會選擇玩遊戲

最近這些年，拖延症已經不再是少部分人的痛，而是越發成為一種社會普遍現象了。甚至已經成為了一種「都市病」，說起來還頗有幾分時髦感。工作時面對一件緊急又必要的事兒，有相當一部分數量的人選擇了把事情拖延至最後一刻完成。越是在心急如焚的時候，越是不由自主地玩起了遊戲，這是人們在高壓之下的本能逃避反應。最後的結果要麼是帶著對品質的些許遺憾草草交差，要麼是無法順利按時完成任務。由此引發的各種負面情緒也讓人相當沮喪。

不斷把事情往後拖延，會讓拖延症患者對壓力的感受直線上升。在事情完成之前，堆積如山的任務和所剩無幾的時間會讓人不斷地產生憂慮，對大腦和身體機能是有害無益的。壓力是造成拖延的重要誘因之一。壓力會讓人對外界誘惑的抵抗力降低。無論是零食還是網頁遊戲，都會暫時給人的大腦帶來一種叫做多巴胺的物質。多巴胺帶來的僅僅是一時間欲望滿足的快感，並不會是真正的快樂。

更糟糕的是，壓力會令人陷入前所未有的不安感和恐懼

心急如焚的時候，你為什麼還會選擇玩遊戲

中，會讓人產生焦慮、憂鬱等負面情緒，這是負能量。單單是為了處理這些負能量，拖延者就需要消耗大量正能量，心理意志本來就薄弱的他們，負能量更加強大了。於是我們看到許多身陷巨大壓力中的人們進入到這樣一個「惡性循環」中來：壓力大導致身體與心理的不適，為了重回放鬆狀態，讓身心返回到那個「平衡點」去，不少人就透過玩遊戲解決當時的心理困境。然而沉浸在遊戲一番中過後，原本就很緊迫的時間又過去了不少，這讓拖延者的壓力更大了。不斷地心急如焚，不停地沉迷遊戲，使拖延者陷入到惡性循環當中。

　　除此之外，在為了逃避壓力的遊戲過程中，如果拖延者心懷內疚和負罪感，還可能引起「自暴自棄」的心理。「反正我已經在拖延了，猜想這次的任務又沒辦法準時完成。算了，不如再多玩一會兒吧。」這種心態給人帶來很大的打擊，讓人徹底放棄內心尚存的對「拖延症」的抗爭。拖延者對自己玩遊戲的譴責越嚴重，下次就越容易重新陷入拖延之中。不少研究結果都顯示，內疚往往會造成潛意識中的反向心理，下一次越是有可能放縱自己。如果拖延者因此感覺到自己懶惰和無可救藥，這樣的譴責實際是一種暗示，拖延症患者有可能會在下一個挑戰面前再一次屈從於誘惑。

　　我們或許可以從教育孩子方面得到一些啟示。如果一個孩子由於貪玩沒有完成老師交代的作業，作為家長，應該如

第二章　「戰拖」宣言：成功你好，拖延再見

何教育呢？如果是嚴厲地喝斥甚至打罵，孩子的自尊心受到重創，可能會因此產生反向心理，更嚴重的是，孩子心中好不容易建立起來的對學習的興趣也蕩然無存了。粗暴地譴責固然不對，一味地放縱也不可取。放任孩子只做他感興趣的，這個孩子將永遠也長不大。較之於前兩者，正確的做法是慈愛而堅決地告訴他是非。

拖延者對自己的「慈愛」，應是寬容、接納自己的現狀。畢竟拖延是人身上普遍存在的一個缺點，只有正視它才有改善的可能。而拖延者要對自己「堅決」，任何習慣的養成都不是「一天造成」的，因此改變某個不良習慣畢竟也需要一陣痛苦的過程。拖延者要善待自己內心的那個「小孩」，給他足夠的關愛，他才有可能逐漸成長起來。

許多拖延症患者是「思想的巨人，行動的矮子」。他們喜歡在工作之前先在腦海中盤算接下去的一切，直到他們自以為一切想法已經很完美了才罷休。然而拖延者的「完美計畫」總是高估了自己做事情的效率，而低估了完成每一項任務所需要花費的時間。因此當拖延者終於將想法付諸行動，他們會發現在完成工作的過程中還會出現許多預料之外的問題，這種「失控感」讓拖延者在完成任務時情緒糟糕。世上並不存在完美無缺的結果，只有盡力完成的奮鬥過程。所有的計畫都是可以在實踐中不斷完善的。

心急如焚的時候，你為什麼還會選擇玩遊戲

對於有意想要戰勝拖延的人士，建議當壓力來臨時，區分什麼是一時輕鬆的「幻覺」，什麼又是真正的快樂。拖延者之所以會在「壓力山大」當前還選擇玩遊戲，是因為他們誤以為拖延會帶來真正的快樂。其實不然，完成任務之前越是玩樂，完成任務之時就會感到越大的壓力。而且即使在「玩樂」過程中，由於背負著巨大的心理壓力，打遊戲的過程也不可能是輕鬆愉快的。如果拖延者可以更加清醒地意識到他們的行為意味著什麼，那麼任務當前，打遊戲對他們的誘惑也會小很多。

許多時候，拖延症患者越是心急如焚，他們拖延起來就越是嚴重。如同不小心打翻了一張有 1,000 個小塊組成的拼圖，拖延者看著一地的碎塊無從拼起。於是他們逐漸對工作形成了牴觸情緒，因為他們不希望在這項工作當中暴露出自己「能力不足」，拖延於是這樣一而再再而三地發生了。

歷史上，與拖延作戰的「集大成者」，恐怕非班傑明．富蘭克林莫屬了。作為開國元勳，富蘭克林家境貧寒，童工出身，全靠自己對知識的渴求和對成功的渴望一路走來，並聞名於世。為了克服拖延症，25 歲的富蘭克林給自己列下節制、緘默、秩序、決心等 13 條應當遵守的德行，以一週為單位逐項訓練，堪稱與拖延症戰鬥的典範。

與拖延症的對抗也是一場心靈的修行。人越是對現實有所不滿，越是感受到現實和美好理想的巨大差異，越是對

第二章　「戰拖」宣言：成功你好，拖延再見

「現實很骨感」充滿厭煩情緒，也就越是不願正視手頭急待解決的事情。在心急如焚的情況下選擇玩遊戲，其實是讓自己離美好的未來又遠了一點。越是沉迷於遊戲中，越是沒有勇氣睜眼去看未來的路。只有放下包袱，輕裝上陣，我們才會更好地改變自己。

追求劣質快感？醒醒吧

在媒體人之間曾經流傳過這樣的段子：「如果你看到某位作者或者編輯一大清早就在社群媒體上東轉西轉，哪裡熱鬧到哪裡留言，還接二連三發表觀點洗版，那就是他的截稿日又到了。」不少媒體人紛紛表示，這段子深深戳進了他們的心坎。「描述得怎麼這麼準確啊！」即使截稿的時間一點點臨近，撰稿人還是不願錯過哪怕一點點的娛樂時間。

不僅僅是媒體人，我們誰沒遇到過類似的事情呢？本想寫一封信寄給遠方的朋友，可開了個頭後就拿出手機，開始沉浸在自己的「小世界」中了；書桌永遠是凌亂的狀態，多少次想要收拾卻被其他的雜事吸引目光；第二天凌晨要趕早班的飛機，前一天的半夜才準備收拾行李，可是收拾一會兒，又開始發呆、上網，連睡上三四個小時也來不及了。

「有壓力才有動力」，這句話坑害了不少人。小琪經常得意揚揚地在同事面前顯擺這樣一種「觀點」：「把老闆交下來的任務放到最後一天做，可以提高工作效率！想到第二天就要提交給上司，專注力一下子就提上來了，根本不會恍神。」小琪也確實是把這一觀點奉若神明的，比如最近，上司交給她一項企劃方案，她在壓力的驅動下確實熬了一個晚上，把

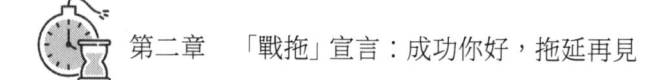

第二章　「戰拖」宣言：成功你好，拖延再見

任務完成了。然而過程並不如她所想像得那般順利，她在開始寫企劃案之初，明知事情很緊急，卻還是忍不住玩了一小會兒手機。磨蹭了兩三個小時，她發現再拖延下去絕對不行了，於是她開始慌慌張張趕任務。而她沒有想到的是，由於壓力過大，她根本沒有心思仔細做好眼前的企劃。時間緊迫，她只能「抓大放小」，這一過程中又不知道出現了多少紕漏。因此，她最終交給老闆的那份策劃方案，並沒有讓上司覺得滿意，她的職位也一直得不到提升，她卻不知道自己的問題出在哪裡。

無論我們是否能夠接受，時間的流逝是不可避免的。從我們出生之日起，每過去一年，就意味著離我們生命的終點又近了一年。對沉浸於劣質快感的拖延症患者來說，當他們沉迷在社交網路，或是週休二日賴在床上的時候，時間似乎快得難以置信。而當他們被迫完成不喜歡的任務的時候，「度日如年」在他們身上得到了淋漓盡致地展現。無論如何，當拖延症患者過度放大眼前的「享樂」，就意味著他們輕視了未來將要承擔的責任。「未來看上去沒有那麼重要」，這給了拖延症患者享受劣質快感的藉口。

拖延症並不等同於純粹的懶惰，懶惰或許是不在意事情的結果的，然而拖延症患者往往非常在意他人對自己的評價，越是希望自己在別人心中留下深刻印象，拖延症患者越是害怕自己不能達到既定標準或者滿足他人的期望。在這樣

追求劣質快感？醒醒吧

的壓力面前，拖延症患者對近在咫尺的「拖延誘惑因素」幾乎沒有抵抗力，畢竟遠離壓力會讓他們感覺舒適一些。即使他們的拖延行為導致了任務沒有順利完成，他們也可以為自己「辯護」：「不是我的能力不夠，而是我沒有安排好，做事的時間不夠。」

多數心理學家認為，拖延只稱得上是一種「現象」，還不是「疾病」的程度。然而這並不意味著我們可以忽略拖延帶來的嚴重性，它可能帶來其他方面的一些症狀。例如：當我們習慣在困難面前選擇逃避，我們可能會比一般人更加懶惰和嗜睡。每當我們接手新的任務，我們一邊趨向用玩樂麻痺自己，另一邊卻可能在一遍又一遍地譴責自己：「我這個人一定有問題！」

不改掉拖延的壞毛病，我們就只能在「劣質快感」的麻醉之後付出更慘痛的代價。「劣質快感」是裹著糖衣的「毒藥」，我們可能會一時之間得到滿足，卻會陷於更大的內疚、焦慮和痛苦當中去。尤其是工作中，我們一定要盡量避免如此。拖延除了讓自己身心俱疲，還有導致自己效率低下、錯誤百出的危險，甚至會讓我們「捲鋪蓋走人」。不如本本分分地學習、工作，上班時不磨洋工，下班後充分休息。雖說沒有英雄式「力挽狂瀾」的那份刺激，但這才是真正高效的做事方式。

第二章　「戰拖」宣言：成功你好，拖延再見

害怕失敗？可笑吧

當你在苦苦讀著《溝通藝術》、《談判策略》的時候，你的同行已經在去見客戶的路上了；當你在網路上搜尋各種健身法而樂此不疲的時候，同樣想要擁有完美身材的人們已經出門跑步了。拖延者們為什麼明明知道事不宜遲，卻不願意立刻付出行動呢？追根究柢，拖延症患者拒絕行動，其實是從潛意識裡對自己說：「我不行。」

除了對自己缺乏信心，拖延症患者還十分重視他人的觀點和評價，很害怕自己完成的工作無法達到標準或是別人的期望值。他們往往不能以正確的心態去完成工作，不能以平和的態度去對待得失，而是把每一次任務完成的品質都當成自身實力的展現，似乎一次失敗就注定了以後也沒有成功的可能性。拖延症患者拒絕行動，往往是在拒絕那使他們膽顫心驚的來自他人的「審判」。

對於不少拖延症患者來說，把失敗的原因歸咎於「懶惰」或「時間不夠」，比盡心盡力卻沒有取得好結果更加容易接受。拖延症患者常把拖延當作「擋箭牌」，藉此表明真正的實力不只如此，如果認真去做，前途將不可限量。這其實是完

害怕失敗？可笑吧

美主義的一種極端展現，對自己要求過高，卻沒有足夠的信心實現目標。對他人看法過於在乎，對自己能夠做到的境地不抱希望。目標過於遠大，反而成了束縛行動的「枷鎖」。

拖延者對評價是極其恐懼的。如果他們的工作沒有做好，他們會非常害怕別人給予他們能力的負面評價，尤其是他們所擅長的事情。而拖延症患者透過不同程度地延誤工作，而能夠使他們「理直氣壯」地為自己開脫：不是我沒有能力去做好這件事，而是沒有認真罷了。這樣的藉口讓聽者無話可說。另一種情境，如果拖延者成功完成了某件事，他們依然還會將這種擔心延續下去。受到表揚並沒讓他們多多感受到「正能量」，他們所感受到的卻是更大的壓力。拖延症患者非常擔心這一次的「很好」成為他們的「枷鎖」，以後萬一失敗，自己就沒有藉口了。

拖延者也不能夠接受現在這個正在拖延的自己。在他們的內心一直想要與這個「拖延症患者」徹底斷絕關係，他們認為如果接受了這樣一個自己，人生會變得晦暗無光。於是，決心痛改前非的拖延者們一直努力地想要切斷和過去的自己的一切連繫，準備一切重新開始。然而，那個「從頭再來」卻永遠都不會來。拖延者一直在期盼一個完全新鮮的契機或者煥然一新的時刻，但其實所謂「最完美的精神狀態」是不存在的。只有真正開始工作才能讓你逐步進入這個「最完美的狀態」。

第二章 「戰拖」宣言：成功你好，拖延再見

拖延者害怕時間的流逝，像老人害怕蒼老。他們總是寄託了太多的希望在「未來」，而對現在和過去不加珍惜。然而，這些「現在」和「過去」，都是拖延症患者決定改變自己的「未來」的時間。隨著時光悄悄溜走，拖延症患者掩耳盜鈴地設想，他們所擔心的事情永遠不會發生。但是時間並不是無限制的，拖延者也深知這個道理，只是他們選擇了不去揭開事實，而是閉上眼睛。

拖延者總是陷入這樣一個失誤當中：如果我表現得完美，那麼我就是個完美的人；如果我表現得平庸，那我就是個平庸的人。但其實，無論是完美還是平庸的表現，都離不開一個人持之以恆地努力。也許拖延者偶然僥倖「在最短的時間內創造了最多的價值」，那也是一種機率事件，我們不能抱持著僥倖心理去面對一生的事業發展。當拖延者寄希望於用少量的努力收到 200% 的效果，那麼他們的工作完成情況就再也不是真實、努力的客觀反映了。

拖延症患者在給自己設下不合理的過高目標之前，應該先想明白，給自己設下的目標究竟是為了更好地進步，還是為自己的前進帶來障礙？拖延者為自己設下重重障礙的同時，往往認為一切事情都應當親力親為，求助別人是軟弱、失敗的表現。然而缺少了與他人之間的互助，拖延者便失去了許多提高自己的機會，這些求助機會本可以讓拖延者獲取

害怕失敗？可笑吧

更高效、更簡便的行事方法。由於過分擔心招致來自他人的輕蔑的眼光，拖延者們寧可困在問題的樊籠裡，也不願向他人求助。而那些真正優秀成功的人們從不擔心偶爾的挫折失敗，他們知道透過努力，一切都會變得更好。

拖延症患者必須首先接受這個不夠完美的自己。對待自己做到全盤接受、順其自然，才能在做事情的時候不帶有過重的心理負擔。心理負擔放下了，做事情自然就順暢許多。任何人完成某件工作，都會有失敗和成功兩種可能，即使失敗了也無須過於自責，進步才是最重要的。找出自己成功完成某事的事例，如法炮製，用正確的方法更加高效地完成想做的事。擅長也並不代表自己從此以後就是常勝將軍，失敗是成功之母，經歷過失敗磨練的工作技能才會更加爐火純青。

第二章 「戰拖」宣言：成功你好，拖延再見

理解你的拖延症

加拿大卡加利大學的心理學家、著名教授斯蒂爾曾經建立過一個「拖延症公式」：U = EV/ID，其中 U 代表效率。這個公式有四個變數：一個人對眼前任務獲得成功的信心（E），對這個任務感到愉快的程度（V），這個人的注意力有多麼容易分散（I），做完這個任務獲得回報的時間快慢（D）。這就是著名的「拖延症公式」。

斯蒂爾花費了不少時間來研究拖延症的問題。他發現，比起男人，女人更加容易拖延；比起年輕人，年紀大的人要更加自律一些；辦公室人員比起自由職業者，拖延情況更為嚴重。除了不同類型的人對拖延的表現各異，我們將要完成的工作本身的一些特徵也決定著我們的拖延情況。如一個任務是無聊還是有趣，工作完成後要多長時間才能獲得獎勵。研究發現，如果一個人對任務成功的自信心更足，注意力更容易集中，工作本身更加有趣，工作至回報的週期更短，這個人就更不容易拖延。

當你了解了「拖延症公式」的每個變數，然後針對現狀做出一些改變，那麼緩解拖延症就更加「有的放矢」了。比如在

缺乏自信方面，如果你能夠放下自尊心給你的包袱，嘗試接受目前的不完美，自信心也就回到你身邊了。斯蒂爾在研究過程中發現，和一般人相比，拖延症患者的脾氣古怪，心理也更脆弱。

成年後的我們，每一天都在面對來自不同領域的挑戰：工作、家庭、社交等，雖然我們期待能夠完美完成所有的事務，但挑戰一個接著一個，我們偶爾會感覺到力不從心。我們置身於如今這個快節奏的時代，成功和失敗都到來得如此之快，在這樣的評價體系中，我們常常患得患失、顧慮重重。

別把所有精力都使用在執行上。相信不少人都聽說過「二八定律」：20% 的心力可以發揮出 80% 的效果。好的計畫讓人事半功倍，但計畫偏偏極容易被人忽視，許多人寧願不斷走彎路、不斷修正，也沒有挪出時間事先計劃。計劃其實就相當於射擊之前瞄準的過程，好的方向比盲目努力重要得多。

完成一項任務如同參加一場馬拉松，如果你由於種種原因落在了別人後面，這時候你如果自暴自棄地去猶豫是否還有必要繼續跑下去，你將會落後別人更多。過多地把注意力用在自己之外的事物上，你就會離其他人越來越遠，對到達終點的可能性越來越絕望了。在這個時候，如果你不再專注

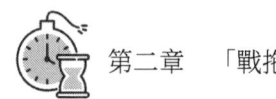

第二章 「戰拖」宣言：成功你好，拖延再見

於離終點還有多遠，也不去看其他人甩開了你多遠，只緊緊盯著自己腳下，一小段路一小段路地跑，最終肯定會到達終點。也許你在專注於當下努力的過程中，已經不經意間超越了一個個對手，最終你的結果可能還不錯呢。專注於奮鬥過程，而非最後的結果，為你認真工作了一整天而不是業績的第幾名而表揚自己，你會發現準時完成工作並不是個困難的任務。

一個人對眼前的任務取得成功的信心度至關重要。一般說來，一個任務會給人帶來多少壓力，不是由這個任務本身的難度決定的，而是取決於作為完成任務的主體的我們對這件任務的看法。當我們把任務視作一個學習和成長的機會，此時的任務更能夠激發起我們的興趣，讓我們在面對挑戰中獲得裨益，我們會更加傾向於按時保質地完成任務。相反，如果我們依舊把任務當作他人強迫的結果，是一個可能會證明我們的能力不足的威脅時，再容易的任務也會使得我們在完成之前就感到壓力重重，拖延就這麼來了。

惰性基因和行動基因的作戰

有這樣一個問題值得我們思考:「既然沒有人不知道拖延的危害,為什麼還是會有不少人存在一定程度的拖延呢?」據某網站針對大學生和職場人的拖延症調查顯示,超過4/5的大學生和85%以上的踏入社會的年輕人都承認有拖延的現象存在,甚至有接近半數的人士聲稱不到最後一刻絕不會開始工作。拖延症無聲無息地影響著人們的生活,甚至成為了眾多上班族、學生的「職業病」。

為什麼「惰性基因」常常把「行動基因」打敗?通常是由於拖延者「維持現狀」的心理在作怪。大多數拖延症患者都對下面的場景不陌生吧:當你正慵懶而愜意地躺在沙發上看電視劇,忽然想起有一份明天必須要交的文案還沒寫,此時你是否願意起身去端坐在書桌前,從輕鬆的場景中切換到專注的工作中去?對於沉浸在安逸氣氛中的拖延者來說,放棄他的「舒適圈」是一件十分困難的事情。「現在明明很舒服,為什麼要去做痛苦的事啊?」內心越是對工作牴觸,行動上就越是遲滯。

曉寧在一家公司的行銷部門工作,她對工作沒有特別的緊張感。這個週末,她心裡已經定下了要做的事情:她計劃

第二章 「戰拖」宣言：成功你好，拖延再見

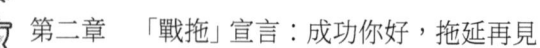

把家裡好好打掃一下，到醫院去做個體檢，找人來維修壞掉的冰箱。然而，到了週日的晚上，當她躺在床上玩著手機遊戲的時候，她才猛然回神：這兩天居然什麼都沒做！雖然心裡感到了一點小小遺憾，但是她安慰自己說：「沒關係，反正還有下個週末呢。」就這樣，一個月很快過去了，曉寧的家裡還是一團亂，冰箱裡無法儲存的食物只好拿出來扔掉了。

所謂的「減不下肥」、「看不完書」、「存不住錢」的心理，都與以上的事例類似。雖然你的內心十分清楚減肥帶給你的好處，但你潛意識在不斷提醒你：「減肥是件很痛苦的事情，你一定做不到。」減肥意味著你要在沒有人監督的情況下，明明飢腸轆轆卻要注意每餐飯的分量和卡路里；在身心俱疲地下班之後還要大汗淋漓地運動。此外，辛苦的減肥並沒有那麼快讓你看到成效。你看了看鏡子，覺得自己現在的身材還好，把「減肥大計」拖一陣子似乎也沒什麼大礙。於是一年一年過去了，你的體型一直沒有多大改觀。

「維持現狀」是很多習慣拖延的人的處事的方式。每個人都在各自的生活中形成了一套行為方式。心理學上有一個「維持現狀傾向」，說明人們更願意依照固有的模式去生活，包括維持過去的生活習慣。比如：你已經習慣使用某個牌子的洗面乳，每當你去超市購物的時候到洗護用品區域，你會習慣性地拿起那個牌子的洗面乳。

惰性基因和行動基因的作戰

　　當你強迫自己做改變,反而相當有難度。「惰性基因」找出種種理由來向「行動基因」宣戰:「再怎麼辛苦地工作,任務總是一項接著一項,什麼時候做得完?」而人要想成長,就必須讓「行動基因」戰勝「惰性基因」。

第二章　「戰拖」宣言：成功你好，拖延再見

掌握了自己，你就掌握了全世界

筱筱是一位年輕的母親，她對孩子任勞任怨，然而在工作上就沒那麼認真負責了。她最大的毛病是經常上班遲到，而且找藉口的能力也是數一數二的。「手機靜音了，鬧鐘沒有響」、「家裡水管突然漏水了」、「孩子早上起來又哭又鬧」、「感冒了身體不舒服」等，主管同事們也「習以為常」了。筱筱並非沒有為她的拖延付出代價。由於經常遲到，每月的薪資都會被扣除一部分；因為筱筱始終對工作沒多少積極性，業績平平的她薪水也不盡人意。她總是抱怨說生活節奏太快，薪資不高還要照顧孩子，似乎這個世界在跟她過不去。

然而細細想來，為什麼其他員工都能做到準時踏進公司大門，筱筱卻有那麼多的困難呢？即使有突發情況的可能，如果她可以做到早起20分鐘，也來得及解決了。我們之中的不少人其實也和筱筱類似，生活中的自己完全處於「失控」狀態。工作上業績一般，我們會找理由說因為有各式各樣的「不可抗因素」：「最近經濟不景氣」、「行業普遍收益下滑」、「客戶太刁鑽古怪」等。課業成績不佳，我們又會說「這個老師不會教」、「以前底子沒打好」、「考試時太過緊張，發揮失常」等。藉口總是找不完的，主宰不了自己命運的我們，有無數

個憤世嫉俗的「理由」。

據美國商業年鑑統計，在經歷了第二次世界大戰以後，在世界五百強企業之中，西點軍校培養出來的人才數量之多令人咋舌：董事長超過1,000名，副董事長超過2,000名，總經理級別的更是突破了5,000「大關」。除了西點軍校，任何商學院也沒有培養出這麼多優秀的經營管理人才。從新生入學第一天，西點軍校就傳達給新生們這樣一種理念：沒有任何藉口。在西點軍校裡，學生凡是遇到軍官問話，只有四種回答被允許：「報告長官，是！」「報告長官，不是！」「報告長官，不知道！」「報告長官，沒有任何藉口！」除了這些話之外，沒有任何解釋的話語。

在這些話的激勵下，每位學員傾其所能去完成每一項任務，從不為任何事情尋找藉口，哪怕是看似合理的理由。在這一嚴苛的規定背後，是學校對學員寄予的厚望：為了讓每位學子能應對今後人生中遇到的任何壓力，培養學生們傾其所能完成任務的毅力。學校試圖讓每一位學員懂得，藉口和理由不能為人生帶來任何益處，能拯救自己的只有自己。

「沒有任何藉口」看似嚴苛而沒有人情味，但是人生有時候就是這麼殘酷。西點軍校就是要灌輸學生們這樣的價值觀：無論在怎樣的環境中，每個人都必須學會對自己的一切行為負責！學員雖然只是暫時的軍校學生，但是日後肩負的卻是

第二章 「戰拖」宣言：成功你好，拖延再見

生命安全和國家安全的重任。沒有把握全域性的氣場，何來安全的保障？「沒有任何藉口」的訓練，讓西點學員養成了堅強的毅力、毫不畏懼的決心、完美的執行力以及在限定時間內把握每一分每一秒去完成任何一項任務的信心和信念。

我們之所以被外境牽著鼻子走，是因為我們常常缺少那種使盡渾身解數、克服一切困難的決心和毅力。時刻記住主權在於自己，我們才會擁有完美的執行能力、極強的責任心和不畏困難的勇氣。想想有多少「我做不到」的背後是沒有顏面說出來的無奈？也許一句「這不是我所能控制的」，能讓我們在心裡獲得暫時的慰藉，卻將讓我們陷入無盡的「我做不到」的掙扎之中。這難道不正是不思進取的表現嗎？

身為一名員工，認真負責的出類拔萃者從不用大堆的理由來掩飾自己能力的不足。他們總能夠急上司之所急，沒有紕漏地出色完成上司派下來的工作任務，把每件工作都做到讓客戶滿意，對同事的求助也能盡力完成。這些員工有強大的氣場，他們可以掌握自己的工作、生活，讓人很放心地把任務交給他。

掌握自己的人從不為自己辯白，困難當前時，他們會想盡一切辦法努力克服，就像那些西點軍校的學員們一樣。該事先想到的，他們都有周密的計畫；該解決困難的，他們都會把這當成自己成長的良機。生活本就應該為我們掌控，未

雨綢繆才是我們過好生活的最高境界。

沒有掌握不了的人生，只有不夠勤勉的自己。我們太習慣於用各種理由和藉口當成自己的「擋箭牌」，卻忽略了多少讓自己成長的機會。太多人把時間和精力浪費在尋找各種理由上，而在工作面前意志消沉。如果可以像西點軍校的軍人那樣全心全力地做事情，不為自己找尋任何藉口，我們就可以擺脫拖延養成的陋習，去除掉令我們不能成功的習慣，合理安排我們的時間和工作計畫，讓工作變得更有效率更簡單。

帶著一顆責任心，未雨綢繆、提前規劃，勇敢地面對眼前的一切困難，堅決完成每一項工作，確保任務順利完成。如果我們可以對自己要求更嚴格一些，把任務沒有完成當成一種錯誤，就不會繼續抱著得過且過的心情勉強工作了。用一顆簡單的心對待工作，用負責任的態度對待生活，我們的工作就可以做得出類拔萃。

第二章 「戰拖」宣言:成功你好,拖延再見

第三章

克服懶惰,
走向開掛的人生

第三章　克服懶惰，走向開掛的人生

你不行動，沒有人替你成功

　　小王是個普通上班族，畢業後一直在某家公司做行政助理。他每天的工作是整理檔案、收發郵件、訂車票機票、幫同事買買咖啡茶葉什麼的。雖然瑣碎的事情很多，但是工作強度並不大。儘管這樣，擅長拖延的小王還是忙得團團轉。

　　這天，上司忽然把小王叫到辦公室，交給他一件不同的任務。上司要求小王做一份企劃書，星期一的時候向大家做匯報。對小王來說，這原本是件難得的機會。可是當他坐在辦公桌前準備大幹一場的時候，他腦海中總會跳出各式各樣的畫面：萬一週一的時候投影儀不能正常工作了怎麼辦，萬一自己不小心把茶水灑在檔案上怎麼辦，萬一匯報的時候發揮不好，其他人覺得無聊或者反感怎麼辦……這些想法在他腦海中揮之不去，讓他無法完全投入企劃寫作當中。晚上，小王甚至還夢到了因為自己的企劃沒有讓老闆滿意而被炒魷魚的場景，緊張的他拿出手機滑起了臉書……這篇企劃案的寫作效果可想而知。

　　你不行動，沒有人可以替你成功。在工作之前可以靜下心來想一想：這件事情真有你所擔心的那麼難嗎？沒有嘗試就告訴自己「不行」，這是明智的決定嗎？所謂「事在人為」，當你下定決心要堅決做成什麼事的時候，有誰能夠阻止你

呢?然而我們許多時候,並沒有按照最理想最直接的道路來走。電影《女人香》裡有句經典臺詞:「我總是知道哪條路是對的,但我從不走,因為太難了。」這句話可以從某種程度上印證拖延者的心理狀態。

國外一項調查顯示,當人們在生活或者工作中遇到新的挑戰,超過 4/5 的人都會產生恐懼感,其中,超過半數的被調查者認為這件事情自己一定做不好,於是把事情擱置,不到必須的時候總也不願開始;占總數 1/4 的人對結果並不看好,但還是願意硬著頭皮試一試;只有 15% 的人堅決地說,願意全力以赴把事情做好。

然而我們的能力真的不夠嗎?還是我們在行動之前就選擇了逃避呢?生活中不少的事情可能並沒有我們想像中的那般困難,所謂的困難也許就是我們懶惰和不自信的表現。其實我們面對新任務的恐懼是完全沒有必要的,從我們出生之日起,就在面臨一個又一個新挑戰。第一次學走路、第一次學扣扣子、第一次學騎腳踏車⋯⋯成長的路上我們嘗試過太多的新東西。事實上,正因為我們順利通過了這些挑戰,我們才像今天這樣生活得健康幸福。而如果我們一味逃避,只能落得無法融入社會的結局。

我們總在為自己找尋各種藉口,把本可以完成的事情一再擱置,讓自己不得不在最後緊要關頭拚命趕工,甚至無法完成

第三章　克服懶惰，走向開掛的人生

工作。許多本能輕易做到的事情，卻因為那些「我不行」的自我暗示，對自己設下了限制，讓自己無端失去了許多良機。

關月剛剛跳槽到一家新公司，資歷平平的她遇到事情像個小孩子一樣，總需要向負責帶她的一位前輩請教。在專案當中稍有困難之處，總會懇求這位前輩出面幫忙。她總是對自己很不自信，認為憑她的能力無法處理好眼前的問題。這天，前輩決定認真和關月談一談。前輩告訴關月，她既然是個跳槽過來的新手，在各方面就要表現出積極性。雖然現在這份工作和她以前的工作有很多不同之處，有些東西她聞所未聞，但是既然已經跳槽，就要在現在的工作上做出成績來，證明她的能力和獨當一面的勇氣。

關月聽後，若有所思。她開始處處留心前輩工作的各種技巧，用心揣摩，主動承擔起一些以前每次都要請前輩一起完成的任務。慢慢地，關月已經能獨立接洽部分專案，主動協調各部門的人員。雖然有些時候她的處理方式還有些稚嫩，在一些問題上會犯錯，但她的行動已經在證明：她正在成長。

當我們面對困難而信心不足的時候，首先，我們可以試著想一想自己以前曾經做過並且順利完成的事情。我們之中的大多數都是平凡的人，沒有什麼豐功偉業，但是肯定會有一兩件完成得很漂亮的事。相信自己就是成功的第一步，如果我們時常給自己「下馬威」，把自己都看扁了，那如何獲得別人的信任呢？

我們無須為行動背負上過重的心理壓力，不去考慮事情的結果，我們可以享受當下，把任務當成一個小小的挑戰來試一試。即使失敗也並非可恥的事情，總結經驗教訓，下次改正就行。拖延不過是逃避問題的表現，不如告訴自己：既然遲早要面對，不如趁現在放手一搏吧！在執行的過程中不慌亂，不拖延，踏踏實實做好每一步該完成的任務，切實地去身體力行，相信任務完成的過程也不會有多麼困難了。

有誰的生活不辛苦呢？尤其是走出校門不久，奮鬥在社會上的年輕人們，就像脫韁的野馬在無垠的原野狂奔，我們若是僅僅停留在對未來的想像當中，誰會知道哪裡通往寬闊的草場，哪裡通往泥濘的沼澤呢？我們的能力、我們的資歷還遠遠不足以撐起夢想，不跨出心理的舒適圈，不逼自己一把，誰會知道我們將來能達到什麼層次呢？當我們因為眼前的困難而作繭自縛時，有些人已經振翅高飛了；當我們因對自己的現狀不滿而渾渾噩噩時，有些人事業已經蒸蒸日上了；當我們因為苦累因為恐懼而在起跑線上裹足不前時，有些人已經積跬步至千里，勝利在望了。

當我們的才華還撐不起我們的夢想的時候，當我們對自己的現狀充滿不滿，對現實對未來充滿迷茫的時候，我們唯一能做的就是去改變行動。比你優秀的人比你還努力，你又在等什麼？

第三章　克服懶惰，走向開掛的人生

生活受夠了你的那些爛藉口

　　想一想有沒有這樣的時候：你本來可以開始做一件事情，而你又把它延後了呢？你本可以再讀幾頁書，打個電話給久違的朋友，或者拆開堆在屋角的快遞，然而你任憑時間一分一秒地過去，而你的計畫只停留在計劃。在那些時刻，你替自己尋找了怎樣的理由，讓你面對沒有完成的小計畫而感到心安理得？

　　許多藉口都是忽然間出現在腦海當中的，甚至看上去不像是藉口。「我已經辛苦了一陣子，現在該休息一下了」，「我好像有點感冒，等過兩天身體好些的時候再說吧」，「我這幾天比較忙，等週末有時間再說吧」，「這件事不會耗費我太多的時間，現在還早得很呢」。即使你的藉口中包含有真實的成分，但無法否認的是，你最強烈的目的仍然是想要逃避。而那些行動力強的人也有可能遇到你此時的難題，比如頭痛腦熱、時間緊張等，但他們依然會親自動手完成任務，對該做的事情一件也不落下。

　　當我們發自內心不想做一件事情的時候，我們可以找出許多不去行動的藉口，但背後最大的原因就是懶惰。如果心

存拖延,那麼我們很快就可以找出成千上萬的「原因」讓我們把這件事擱置下來,而不肯花費一點點心力去找出「必須去做這件事」的原因。我們一再地拖延或者乾脆放棄,等錯過了最好的時機才來後悔當初的不堅定。因此,別為懶惰找理由,只要你懶,總能找到懶的藉口。

自從上了大學,靜靜就一下子變得懶散了不少。沒有人再要求她起早貪黑地背書、做題,不需要做好幾大本厚厚的筆記,不需要在週末的清晨掙扎著起來複習迎接各種小測驗。高中時的靜靜總覺得時間不夠用,恨不得一天有48小時。到了大學,課程不多,空餘時間一下子多了不少,靜靜的內心別提有多開心了。

剛開始,靜靜的心裡多少有些忐忑,她覺得跟高中相比,自己完全在浪費時間,所以每晚還是老老實實地去自習室來消除這種不安。然而當她看到同班同學參加各種聚會和活動,她的心也癢癢的,桌前的課本也漸漸沒有了吸引力。她一方面羨慕著同學們輕鬆自在的生活,另一方面擔心著自己「不合群」。於是,她說服了自己放下書本,加入到吃喝玩樂的「大軍」中,覺得這樣的生活才是真正的精采。

等期末考試來臨,這時的靜靜才開始緊張和後悔。由於很久沒有複習,學過的知識幾乎忘得一乾二淨。此時的她十分後悔當初只顧玩樂沒有好好讀書,也終於明白了當初的各種藉口都是因為懶散。

第三章　克服懶惰，走向開掛的人生

　　如果我們甘於平庸，我們輕而易舉就可以按照熟悉的模式生活下去。而如果我們想做出一點小成就，就得花費千倍萬倍的辛苦努力。此刻的你完成不了的事，並不代表經過一番努力後，那個變得更強大的人也完成不了。不要再為自己的懶惰找理由，無數個理由會導致一個越發平庸的自己。當你在一件看似困難的事情面前搖首踟躕；那些行動力很強的人，卻在積極尋找方法解決問題。也許一時半會兒你們之間並沒有多大差距，然而假以時日，經常獨自解決問題的人的各種能力都會超越你。

　　努力奮鬥與周遭環境無關，只要有一顆無論在何種情況下都要做出點什麼的心，那些藉口永遠不能成為阻擋你前進的理由。如果你總是為無法完成工作找尋種種藉口，而不積極地改變現狀，那麼就會在這個困難面前永遠無法前進。理由多了，難免得過且過，難免不思進取，難免不願花時間為夢想努力。沒有汗水澆灌的花朵，是不會明豔動人的。

　　無論你想過怎樣一種生活，都需要一定程度上的物質保障作為前提。這所謂的「保障」，便是需要你辛勤地耕耘。多麼冠冕堂皇的理由都只是敷衍，都顯示了你由於懶惰而不思進取。如果你有了改變的想法，下一次當你即將為某件事情尋找理由的時候，不妨先別急著否定自己，先盡力而為，看看自己究竟可以走多遠。相信在這樣的訓練之下，你會慢慢有所改變。

有些成長，的確需要經歷痛楚與磨練才能嘗到青春的酸甜苦辣，才能促使自己更加堅強。很多時候，只要願意經歷一些穩紮穩打的付出，我們都可以變得越來越好，變得讓自己都對自己刮目相看。只是，我們常常被奮鬥過程中的那些理由，一點一點地消磨我們的幹勁，讓我們甘於平庸，埋沒於人海中。而很多時候，我們並不是能力不夠，而是被懶散貽誤了一個個成長的良機。

　　與其為懶惰尋找各種理由，不如認真找尋堅持下去的動力。既然我們曾經為了拖延去用種種理由開脫，不如給自己一個毫不動搖地去完成任務的信念。不為懶惰找藉口，我們就有了變得更優秀的理由。

第三章　克服懶惰，走向開掛的人生

難以根除的宿命論

所謂的宿命論，是缺乏意志力的拖延者們給自己找的藉口。其實每個人的內心都或多或少地存在拖延的想法，我們也曾經給自己找出各種理由和藉口，我們也曾經被各種分散我們精力的事情限制了前進的腳步。無論是對手頭的工作興趣索然，還是這項工作頗有一些難度，我們總是在最短的時間為自己找出一系列藉口，在面對困難的時候逃之夭夭。之後，在遭遇我們的懶惰造成的種種代價時，我們卻會一臉無辜地說：「看吧，這就是宿命。」

拿破崙曾經有這樣的一番話，「花時間深思熟慮，但是當行動的時間來到時，就停止思考，投入進入。」當我們希望變成一個行動力強大的人，首先最難打贏的就是與自己進行的心理戰，特別是我們自己心裡很清楚需要做哪些事，卻又遲遲不肯行動的時候。這種拖延，也許是一小時、一天、一星期，甚至一個月。或許你此前有過許多無法按時完成任務的經歷；或許與工作相比，手機對你來說更有吸引力；或許你做事拖拖拉拉已屬於「習慣成自然」。我們就是遲遲不願意行動，卻把一切失敗歸咎於命運。

難以根除的宿命論

拖延症是我們美好未來的一大殺手。所以，只有你成功掌控內心那個想要拖延的自己，在必要的時候終止你拖延的想法，你就會成為一個行動力頗高的人。有些人就可以做到不被「宿命論」束縛，工作起來極富成效，不輕易被內心拖延的聲音打敗。願意去全心投入努力的人，連命運都會給他們讓步。

謝坤山出生在臺東縣臺東市，是一位身殘志堅的口足畫家。謝坤山很早就輟了學，年僅12歲的他開始到工地上打工。命運對這個懂事的孩子如此殘酷，在一次危險的作業中，16歲的謝坤山因不慎誤觸高壓電，失去了雙臂和一條腿；23歲時，因為妹妹的一個意外舉動，又讓他付出了失去右眼視力的慘痛代價。之後不久，他的女友悄然離他而去……

面對命運無情的打擊，謝坤山沒有用「宿命論」包裹自己，在無邊的絕望中沉淪。相反，他為了不給年邁又貧困的父母帶來負擔，毅然選擇流浪，從絕望中求取生存。在流浪的日子裡所受的艱苦不必多言，然而謝坤山也能找到快樂的地方，比如金色陽光下的廣場上，一群鴿子在漫天飛舞。後來，謝坤山逐漸迷上了繪畫。他希望能讓他自由的想像力像鴿子一般翱翔天際。沒有手，謝坤山用牙齒咬住畫筆，用舌頭控制畫筆的方向。勤學苦練的他嘴角時常滲出鮮血。只有一條腿，他仍然站立著作畫，而且他的耐心是許多四肢健全的人所不能及的。

第三章　克服懶惰，走向開掛的人生

在謝坤山的人生最困頓的時候，愛情闖入了他的生活，他有了一個幸福美滿的家。有了這一精神「支柱」，從此謝坤山更加努力地作畫，到處舉辦畫展，他的作品不斷地在各個大賽中取得殊榮。曾有人問他：「假如你有一雙健全的手，你最想用它做什麼？」他笑著說：「我會左手牽著太太，右手牽著兩個女兒，一起走好人生的路。」

極富成效的人更加明白在獲得成就以前努力奮鬥。做事有成效的人習慣承擔長期艱鉅的任務，對他們來說完成比較複雜的工作意義更大。

做事情行動力強的人知道把大的任務分作小塊去完成，用聰明的方法降低他們完成任務的難度。對他們來講，堅持不懈是一件不那麼困難的事，他們會在每個小任務完成以後給自己一些小小的獎勵。他們更加重視過程，所以不會在任務完成的途中背負太大的心理壓力。

行動力較強的人對時間有著較為精準的感受，他們不會認為「這點事我一下午就能做完」、「拖到最後一週複習就行了」。由於他們有著更多腳踏實地、一步步完成工作的經驗，因此他們會根據工作量和難度合理安排時間。他們不會被「事情永遠也做不完」的宿命論牽著鼻子走。

拖延和潛藏在內心深處的完美主義也是一對好朋友。完美主義不停地拉你進入悲觀的「陷阱」：「你無法把這件事做

到盡善盡美，所以先別做」、「這個專案你不擅長，還是交給別人吧」。悲觀會讓人們輕易陷入「宿命論」的藉口中去，在困難到來之時，拖延者就會把它想像得比實際情況更難。越是望而卻步，越忍不住延後。而做事情富有成效的人不會擔心任務完成得不完美，他們知道盡自己最大的能力已經是一件值得驕傲的事情了。

不要輕易對自己說「任務永遠也做不完」，不要輕易給自己扣上「能力不足」的帽子。工作任務並非那麼難以完成，有時候只需要善於把事情排序。不少人總是先去做任務列表裡最省事最容易的工作，而面對難的工作往往就沒有熱情和耐心了。極富成效的人則相反，他們會首先完成最費心力最艱鉅的任務，把「甜頭」留在後面。做的任務越來越容易，興趣也會更大，工作也就能更加順利地完成了。

身陷「宿命論」困擾的拖延症患者常常會產生杞人憂天的各種「幻覺」：「如果我完成的這項任務讓老闆不滿意怎麼辦？」「萬一做不好，上司會炒我魷魚嗎？」「如果這些檔案被退件怎麼辦？」要知道一切都還沒有開始進行呢。而工作效率高的人只是專注地完成任務，不去做多餘的考慮。他們知道，一時的好壞並不能決定最終的結果，毫無根據的恐懼沒有任何意義，事情的發展還有無限的可能性。

第三章　克服懶惰，走向開掛的人生

命是失敗者的藉口，運是成功者的自謙

　　雷雷今年30歲，在一家公司做設計，每天加班十分辛苦。他曾經把一份熬到半夜才完成的封面設計發給一位同行的朋友。朋友還未來得及回覆他郵件，他主動告訴朋友：「不行，我還需要修改一下。」朋友心裡已經對雷雷的設計很滿意了，可是雷雷一直是個對自己毫不懈怠的人。第二天下午，雷雷把修改過後的設計圖發給朋友，朋友滿口稱讚。二人聊到現實生活的種種，朋友忽然嘆口氣說：「你說，我們這樣乾坤顛倒地忙碌，到底有什麼意義呢？」雷雷笑著說：「我們之所以接受現在的生活，是因為我們心甘情願。我們的努力就是為了給自己一個交代。」也許雷雷還要這樣過日子，也許他所全力追求的，高富帥們輕而易舉就能得到，但是他覺得現在的生活是值得的，即使失敗也可以無悔。

　　命是失敗者的藉口，運是成功者的自謙。努力從來不能與成功劃上等號，而如果不努力則完全沒有成功的可能。我們可能在很多時候，由於懶散怯懦，把自己的失敗歸咎給了命運，然而命運從來不會眷顧那些為不思進取找藉口的人們。成功並不是我們的最終目的，站在金字塔頂端的人永遠

命是失敗者的藉口，運是成功者的自謙

十分有限，但是在追逐夢想的過程中，我們會遇見更美好更加強大的自己，這就是最好的意義。當你心甘情願享受努力過程中的那份安靜，那你就有足夠的資格享受成功後的鮮花和掌聲。至少，在奔跑的路上，我們的內心完滿而充實。

我們可能取得不了成功，但是努力奮鬥卻是本質問題。有些人會擔心：萬一自己的夢想沒有實現，之前的努力會不會就這樣白費了？其實，努力就是努力的回報，付出就是付出的回報，寫作就是寫作的回報，畫畫就是畫畫的回報，唱歌就是唱歌的回報。即使付出的一切都沒有得到回報，但是正如一位愛唱歌的北漂青年所說：「雖然風裡來雨裡去的日子會讓我感覺到孤獨無依，但是看到那些人願意駐足，靜靜聽我唱歌的時候，我心裡那種興奮和快樂沒有什麼可以代替了。」

山區裡那些孩子，帶著對知識的渴望大聲朗讀。也許這些孩子有一天可以走出大山看到外面的世界，也許他們將來只能接過父母手中的農事，在山裡繼續著艱苦的人生。但是讀過書的孩子一定會比不少家境比他們優越的孩子更快樂，因為對於他們來說，曾經讀書的經歷就是最好的回報。為什麼明知道夢想很難實現還是要去追逐？因為那是我們心靈的呼喚，因為我們不甘於平庸，因為我們想要自己的生活能夠多姿多彩，因為我們想要給自己一個交代，因為我們希望在老去的時候可以驕傲地說：我曾經為了夢想義無反顧地努力過。

第三章　克服懶惰，走向開掛的人生

　　對於還未曾努力過的人們，他們最該擔憂的不是「萬一付出了也得不到回報怎麼辦」，而是他們有沒有真正好好地努力過。在追逐夢想的時候，誰都有「夢想可能不會實現的心理準備」，可是不屈從於命運的人們還是義無反顧地去追逐。害怕困難和失敗、聽天由命的人們，他們硬生生把自己局限在那樣一個小天空裡，他們對沒有奮鬥過的那些許的遺憾也被日復一日的麻木不仁所掩蓋。

　　也許千千萬萬像於雷那樣的年輕人奮鬥多年依然沒有「突出重圍」，但是追逐夢想的他們的眼神比那些渾渾噩噩的人更有光彩，他們活得更驕傲更有自尊，不用跟那些命運面前的怯懦者一樣，隨意拿一句「命運如此」當作藉口，「心安理得」地繼續頹唐下去。

　　老魏是一名普通的清道夫，工作了幾十年，終於過起了含飴弄孫的退休生活。也許他的一生在有些人看來是卑微的，然而老魏當清道夫的幾十年裡，每天早起都和路過的街坊鄰居打招呼，在每天的生活裡怡然自樂。這樣的人生仍舊是偉大的。活得充實比活得成功更重要，這也正是無數人依然堅持夢想的理由。人為什麼要背負夢想？是因為人一旦有了夢想，即使生活給了你無數打擊，你依然能堅強地站在大地上；即使生活奪取你其他的一切，也沒有人能奪走你的夢想。

　　夢想，是一件冷暖自知的事。你也許為了追夢含辛茹苦，

命是失敗者的藉口，運是成功者的自謙

也無法確切地把感受分享給其他人。你可能在某個深夜滿腹委屈地痛哭流涕，別人卻無法理解你的苦悶。在你眼裡意義重大的奮鬥目標，也許在他人眼裡卻無足輕重。因此奮鬥之路總是孤獨，在努力的路上，大部分時間裡，你能依靠的只有你自己。所以，不必太在乎他人的眼光，做好那個努力的自己。

所謂的「運氣好」，無非成功者的謙辭。成功之路沒有一帆風順，所謂的輝煌一定伴隨著挫折和跌倒，所有的成功背後一定有一座座高聳的屏障。沒有一件事情可以一下子把你打垮，也不會有一件事情可以讓你一步登天。也許你和理想的距離仍然十分遙遠，也許你已經使出了全力可還是沒有得到滿意的結果，然而只有你能照亮你的星空，努力的你是值得所有人欽佩的。

生活中有很多努力後仍沒有結果，看似毫無意義的事例，但這並不是自甘平庸的託詞和藉口，更不是命運的不公正。因為你永遠不知道，此刻懶惰拖延的你所過的平靜如水的生活，下一秒將有怎樣的驚濤駭浪。也許是一次巨大的失敗或傷痛，甚至是某位親人的永別，讓你瞬間意識到之前的逃避是毫無意義的。逆水行舟，不進則退。沒有足夠的勇氣和魄力透過奮鬥改變自身，人就會像無根的花朵，隨時有可能被「雨打風吹去」。遺憾常常比失敗更加可怕，因此我們需要使出全力活出一個為了夢想努力的自己。

警惕為了心理補償而拖延

有一種拖延的類型是，為了心理補償而形成的拖延。誠然，拖延可以保護一個人免於遭受他人的評價判斷，免於陷入和別人的爭端當中。從這個意義上來講，拖延是維護心理舒適邊界的一種方式。無論親疏如何，保持一定的心理距離，對一個人心理上的安全感和舒適感而言都是至關重要的。對大多數人來講，離開自己的心理舒適圈，跟人太親近或者太疏遠，都會讓他們感到不舒服，他們會不遺餘力地想要回到讓自己舒適的區域。拖延就成了維護他們心理平衡的一種策略。

為心理補償而拖延的原因之一是不少人比較恐懼「孤軍奮戰」。面對比較困難的挑戰，很多人覺得與他人建立連線可以更有安全感，可以有更多得到別人幫助的可能性。如果他們對自己的想法無法確信，甚至懷疑那樣的想法是否有存在的價值，那麼人們就會希望從別人那裡獲得行動指南。當人們面對超越他們心理承受能力的困難，感到恐懼、疏遠的時候，他們對獨立自主性持猶疑態度，覺得無法獨自完成手頭上的事。最常見的一種拖延方式就是需要幫助——別人提供

警惕為了心理補償而拖延

你某個觀念或者架構,以便你可以將它作為自己行動指南的那種幫助。這樣的「從眾心理」讓不少原本可以按照自己的步調完成事務的人們刻意放慢自己做事的腳步,力求與其他人「保持一致」。

這一點在大學生族群裡具有充分的展現。許多大學生花費幾個星期的時間為自己的論文蒐集材料,卻遲遲不肯動筆。因為他們覺得自己無法獨自從這些見解當中提煉出自己的想法,要他們說出內心的觀點時他們往往腦中空空。不少大學生從小就被剝奪了獨立思考的機會,父母老師的控制和「標準答案」的規約,讓他們在創新面前「不敢越雷池一步」。有一些拖延者在人際交往中是非常被動和羞怯的,他們自己無法完成某些事情,卻又非常羞於啟齒請別人幫忙。問題來臨,他們不知所措卻又不敢求助,這種自己造成的孤立無援的狀態導致拖延症患者工作效率下降。

有些時候,「不敢為天下先」的心理成了拖延的「罪魁禍首」。 在中學裡我們常常見到這樣的現象:成績最優秀者往往在人際關係上顯得有些孤僻,而人緣最好的常常是在班上成績處於中游的同學。成年以後,和成為佼佼者相比,更多人願意做「第二名」。在公司的各類職位當中,副職是比較受歡迎的一類。人們常會對自己身處副職頗為開心,因為如果將他們放到第一把手位置,他們可能就會被迫與更多人「保

第三章　克服懶惰，走向開掛的人生

持距離」。同時，在問題來臨時，「較為安全地在後面看別人衝在第一個」也是許多人的心理。

害怕被孤立、被疏遠的人們透過與人保持親近關係來獲得巨大的安全感，而害怕親近的人恰恰相反，與人保持距離會讓他們更加自在。當需要參與到各項任務當中，喜歡獨來獨往的人可能會因為被一些人環繞著而感到煩躁，這種吵吵嚷嚷是他們難以駕馭的。因此為了跟其他人保持一定距離，拖延是他們逃跑的一種方法。有些拖延者會在他們的努力和付出即將有所回報時，擔憂「槍打出頭鳥」，害怕有別人會來摘取他們的這份榮譽，而拖延可以用於保護自己的利益不被他人侵占。一些拖延者為了保住自己的利益和成就，刻意延誤和耽擱了一些事情的進度，然而到最後連自己真正需要的是什麼都忘了。

有一名德高望重的教授想要招一個學生當他的助手，有兩名優秀的學子經歷了重重選拔脫穎而出。這名教授又向他們加試了一道題目。一名學生拿到這道加試題後就立刻埋首去做，另一名學生靜靜地觀察著他對手的「動向」，於是也開始行動起來。最後，兩人都出色地完成了題目。

這兩名學生的實力實在是難分伯仲，留下其中任何一個，似乎對另一名都是極大的不公正。但這並沒有難倒聰明的教授。這時教授問了他們一個無關本科系的問題，之後立刻就決定了要把誰留下來。

警惕為了心理補償而拖延

原來，教授問了他們完成這道加試題目的時間。教授望著被淘汰的學生吃驚又憤怒的眼神說：「這個題目是我上週五下午發布的，他從上週五下午四點就開始做了，而你卻是在週一才開始做的。我之所以會選擇他，是因為我認為一個人只有立刻開始行動才更具競爭力。」

其實，在人際關係中，依賴和獨立完全可以相輔相成，並且還是相當重要的。我們不必把個人的成長與他人完全對立起來，周圍人不是我們成長的絆腳石，而是幫助我們取得更大成功的助力。良好的關係提供了一個讓人感到舒適並可以信賴的「安全處所」。這樣的關係之所以讓人感到充實，是因為它允許並鼓勵雙方作為一個獨立的個體去發展和成長。此外，我們也沒有必要為了適應周圍環境而擾亂我們做事情的節奏步調。為了外在事務而忘記自己腳下的道路，這是不明智的表現。這裡有個小策略來增強自己的信心——設立一個比較現實，能夠達成的，同時又容易衡量的目標。然後把這個目標細分成許多容易操作的小區塊，每個小區塊你都可以在一個較短的時間相對不費力地完成，這樣任務就更有輕鬆被實現的可能。成功的次數多了，戰勝拖延的自信心也就更大了。

第三章　克服懶惰，走向開掛的人生

只要行動，很多事都能輕易完成

　　前文提到過，我們不能把拖延當成一種心理症狀，但拖延足以毀掉一個人遠大的前程。拖延不但會耽擱一個人學習和工作的進度，而且還是人們通往成功路上最大的絆腳石，並且還會給一個人帶來潛移默化的心理負擔。有許許多多大好的時光被我們浪費在懶惰和拖延當中。「往者不可諫，來者猶可追」，其實拖延並不是無可救藥的「絕症」，拯救自己的祕訣只有一個，那就是每一次只專注地做一件事，並且要馬上行動。

　　正因為時光不會倒流，生命不會重來，所以我們都不希望自己人生留有太多的遺憾。時至今日，我們每個人都還有不少想要去做的事情沒有完成。所以，在我們人生剩下的歲月裡，從現在開始，一分鐘都不要耽誤，想到就馬上行動，這樣我們的生命才會多一次美麗的經歷，多一份成功的喜悅。

　　成功不是靠白日做夢就可以實現的，也不是信誓旦旦就可以得到的。成功是在行動中才能產生的。一切方法、意願只有在行動中才能發揮指導和輔助的作用，沒有行動，再美

好的期待全都不過是海市蜃樓罷了。「行動」,是通往成功的道路的唯一方法。

可是現實往往是遺憾的,在生活中,有太多真心想要的東西,大多都在我們的一再拖延中被擱置了下來,到最後不得不選擇放棄。所以,我們的夢想不是敗給了現實本身,而是敗給了拖延。在付諸行動之前,我們常常把任務看作「洪水猛獸」,然而當我們付諸行動,許多事情其實是能夠輕易完成的。

很多時候,一個人失敗的原因主要是因為缺乏足夠的行動力,做事總是拖延,結果就只能等到失敗的降臨。人們之所以總是拖延,就是因為他們害怕面臨更多的責任。所以他們就選擇了逃避,覺得只要自己不行動,就不會有更多的責任,也不用遭受失敗的打擊。有些未婚青年總是一直維持現有狀態,而不願意結婚,也是因為他們怕承擔婚姻的責任。但是逃避畢竟不是解決事情的辦法,一再拖延就只會加重你往後行動的負擔。

湯姆‧霍普金斯是當今世界上排行第一的推銷訓練大師,是全球業務員的典範,被譽為「世界上最偉大的推銷大師」。他可以做到平均每天推銷出去一套房子,至今仍是金氏世界紀錄保持者,接受過其訓練的學生在全球超過500萬人。

有一次,霍普金斯接受採訪時,記者問了他一個千千萬

第三章　克服懶惰，走向開掛的人生

萬人都想知道的問題：「你在事業上取得如此大的成功，你認為你成功的祕訣是什麼？」霍普金斯回答說：「馬上行動！」記者追問道：「那麼在您遇到困難的時候，您都是如何處理的呢？」他說：「馬上行動！」「當您遇到挫折的時候，您又是如何克服的呢？」「馬上行動！」「如果您在未來遇到瓶頸，您又會如何突破？」「馬上行動！」「全世界每一個人都想要分享你成功的祕訣，那麼你想告訴人們什麼？」「馬上行動！一分鐘也不要耽誤。」

最振聾發聵的道理往往最為簡單：遇到事情絕不能拖延，馬上行動，一分鐘也不要耽誤。雖然有許許多多年輕人非常渴望成功，同時他們學歷高、聰明又有不錯的資源，但是真正行動起來時，卻總是在起點上猶豫不決。當他們準備為了事業做出點什麼的時候，總是會為自己找到各種理由：擔心自己會失敗，擔心準備的可能還不夠充分，擔心時機不夠成熟，自己貿然行動會不會有什麼不利後果……時間就這樣日復一日地溜走，而自己還沒有來得及行動就已經失敗了。

另外有些人則是因為做事沒有緊迫感，因為懶惰而一再拖延。他們在面臨一件事情的時候，想到的不是馬上行動，而是習慣性地為自己找一些可以不急於現在行動的藉口，於是，事情就被一再擱置。

懶惰是會在內心慢慢膨脹的，一旦有了想要偷懶的想法，你內心將會對工作產生愈加強烈的牴觸情緒，做事越來

越沒有鬥志，直到最後放棄曾經的美好期待，過上自己曾經一再想要擺脫的日子。拖延者並不會如人們所想像的那樣「心安理得」，他們會為自己的拖延而感到內疚和難過，卻又一次次陷入拖延的慣性當中去，每天都生活在等待和無奈之中。拖延者迴避現實、情緒低落，常懷羞愧和內疚之心，卻總是忘了鼓勵自己把工作認真進行下去。

所以，避免拖延的唯一方法就是不要給自己拖延的機會。接到新的工作任務，就立即切實地行動起來。不要有任何猶豫的想法，也不允許給自己尋找藉口。馬上列出自己的行動計畫，去做！這樣，我們就會發現拖延時間毫無必要，它只會讓我們對自己越來越不滿。而行動起來卻會讓我們在完成一個個任務的過程中獲得自信，給自己帶來成就感。

許多人做事總喜歡等到所有的條件都具備了再行動，但是，在生活中總有各種情況發生，那個所謂「最好的時機」是不存在的。所以，我們不太可能等到所謂的「天時地利人和」，等到所有外部條件都完善了再開始工作。我們要珍惜當前想要完成一些什麼的這份決心。在這種既定的環境中，在現有的條件下，只要我們肯付諸行動，同樣可以把事情做到極致！所謂最好的境遇永遠不是靠等待得來的，而是靠在行動中親手創造來的。

第三章　克服懶惰，走向開掛的人生

先不要糾結結果，先做做看

《西遊記》中的很多故事大家都耳熟能詳，在全書的結尾部分有這樣一個情節：師徒四人一路過關斬將、鬥妖降魔，終於取得真經。在歸來途中，遭遇第九九八十一難時，經書被掀入大海。師徒四人雖然全力救經書，但還是留下了經書不完整的遺憾。唐僧對此惋惜不已，不禁感嘆：費盡心血，依然沒能取到完整的真經。而悟空這樣勸慰師父：「凡事都不是完美的，我們已經盡力了。有一點缺憾也是正常的。」唐僧聽完，頓時釋懷。

對於神仙而言，都只需盡心盡力，無須盡善盡美，更何況是我們呢？許多人在行動之前，總是在考慮結果，希望自己盡善盡美，但完美真的存在嗎？

誰都希望做事做得完美，但一味求全責備、苛求完美就會走入失誤。世上沒有毫無瑕疵的成果，任何事情的完美也不過是相對的。世上也沒有完美的人，每個人或多或少都存在著性格、經驗和能力的局限。因此做事之前不用過多考慮結果，只要盡心盡力就好。

愛因斯坦上小學時，老師向同學們發布了一項作業，讓學生們每人交一件勞動作品。第二天，愛因斯坦把一張又笨

拙又醜陋的小板凳交給了老師。老師看後很不滿意，認為愛因斯坦既貪玩又偷懶。這時，愛因斯坦悄悄拿出兩張更為醜陋的小板凳，對老師說：「剛才那個板凳是我第三次做的，雖然它不太令人滿意，但是它要比前兩個強得多。」

我們做事情的結果注定不完美，但不能因為不完美而不努力。既然任務就擺在我們面前，有什麼理由不去盡自己所能地完成呢？我們朝著目標努力，就算累得上氣不接下氣，但只要堅持下去總是能夠獲得成功。做事情先別計較結果，用心嘗試才是硬道理。即使結果就如愛因斯坦的小板凳一樣有缺陷，有各種遺憾，但我們可以問心無愧：我努力了，我盡全力了。

如果凡事都苛求完美，用高標準嚴要求束縛自己，會讓我們陷入內心的困境。盡善盡美意味著惰性和拖延。如果我們自己制定了完美得令人窒息的標準，那麼我們便不敢嘗試任何事情，也不會有多大作為。因而，作為一個普通人，不必以這種標準來衡量和要求自己。遇到事情先做做看，只有開始著手之後，我們才會知道自己的能力和局限。不要讓盡善盡美妨礙我們，我們可以試著將「盡善盡美」改成「盡心盡力」。

對於有孩子的人，教育孩子的時候不應該對每件事都過於要求結果，因為這種要求會使小孩子產生怨恨情緒。父母應該告訴孩子的是：「盡力為之」要比「盡善盡美」更為重要。

第三章　克服懶惰，走向開掛的人生

只要孩子喜歡，就應該鼓勵他們去滑雪、唱歌、畫畫、跳舞等，而絕不是為了什麼榮譽和獎項。對於孩子的愛好，即使並不是他的長項，也不應該僅僅因為他們可能做不好某件事就不讓他們嘗試去做，相反，要在孩子們喜歡的那些活動中培養他們的興趣，磨礪他們的意志。

要想戰勝完美主義，第一步應當從動機開始著手。完美主義者對於任務有完成期限的這件事通常很苦惱，因為他們一心想的就是讓一切都達到極致完美。當他們開始構思一篇論文，他們往往一遍一遍地重寫，翻來覆去地修改，就是交不上；要麼就是在要達到盡善盡美的心理壓力下，認為必須字跡工整、論述詳實、文采優美，否則壓根提不起筆。

我們應當確立更加適合的目標。從前，一位老方丈想要把衣缽傳給兩位得意弟子中的一位。他對兩個弟子說：「你們出去揀一片最完美的葉子回來。」兩個徒弟遵命而去。不久，大徒弟回來了，呈遞給師父一片樹葉說：「這片樹葉雖然並不完美，但它是我看到的最完整的葉子。」而二徒弟在外面轉了半天，最終卻空手而歸。他回來覆命：「我看到了許許多多樹葉，但總也挑不出最完美的一片……」最終，老方丈把衣缽傳給了大徒弟。

生活中我們所追求的，應該是切合實際的目標，而不應該是那永遠無法觸及到的完美。假如我們的目標切合實際，那麼我們的心情會較為輕鬆，辦事效率也會更高，自然而然

便會感到更有創造力和成效。事實上，當我們不再過於追求出類拔萃，而只著眼於發揮出自己的全部水準，反而將得到更加不俗的表現。不妨用反躬自省的方式來抗拒追求完美的「強迫症」。想想自己曾經犯過的大小錯誤，把各種教訓列成一份清單。此時你會注意到這樣的現象：正是因為有了這些不完美的存在，我們才能這樣一步步地從完善自己的過程中取得進步。千萬別怕犯錯，否則我們會失去不少學習新知識新技能的機會，也會減少許多完善自己的動力。

事事追求完美是一件痛苦的事，它就像是毒害我們心靈的毒藥，讓人在追求完美的歧路上越走越遠，讓人在錯誤的泥潭裡越陷越深。這個世界本來就不是完美的，過去不是，現在不是，將來也不是。世界尚且處處有缺陷，人如果事事追求完美，無疑是自討苦吃。

只求盡心而為，不求盡善盡美。放下完美，不要帶著完美的「枷鎖」艱難前行，放下心理負擔輕鬆做事，你將發現不完美的生活也可以幸福愜意。拿起責任放下壓力，保持一顆平常心，懷著釋然的心態工作，結果往往會給你驚喜。

第三章　克服懶惰，走向開掛的人生

第四章

甩掉完美主義，
否則你必拖無疑

第四章　甩掉完美主義，否則你必拖無疑

對於行動來說，完美主義是個貶義詞

語庭是個典型的完美主義者，對待愛情和婚姻尤其如此。在她看來，如果沒有遇到那個她認為完美的男孩，她是絕對不會讓對方進入她的生活的。正是因為這一點，工作事業優秀的她一直找不到結婚的對象。就這樣，語庭一直拖到了很大的歲數還沒結婚，最後只能隨便找個人嫁了。她結了婚才發現，自己面臨著更多的挑戰──單身的日子過久了，語庭已經很難去遷就他人的愛好、習慣和生活節奏。最終，語庭終於明白，如果想擁有真正的愛情，就必須放下對一切都要盡善盡美的幻想。於是，她慢慢地放下了自己的完美主義，發現「不完美」的生活一樣可以過得不錯。

完美主義者們，試著改變你們的「完美哲學」吧！完美主義者喜歡在了解不夠充分的前提下對他人肆意評價，對別人的錯誤十分挑剔，他們對自己的要求更是嚴苛。完美主義者在打算進行一項任務時，覺得時機不夠完美就絕不會輕易出手。大體來說，完美主義者的腦海中都存有這樣一種想法：要麼就徹底拖延什麼都不做，要做就必須達到極致、無懈可擊。完美主義者希望自己和身邊的事物都完美無瑕，他們執著地想成為毫無瑕疵的人，以至於在現實生活中束縛自

己的手腳。完美主義者行動處事一絲不苟，一舉一動都精雕細琢，對一些細節的拘泥程度令人咋舌。完美主義者外表整潔，甚至有潔癖傾向，顯得格外精明。

在容易拖延的各類人群中，完美主義者通常是最為焦慮，也最容易患憂鬱症的一類人。他們對這個世界有一種天生敵意，但這並不是說他們想要控制別人。相反，他們想要控制的是自己的理性思維。完美主義的拖延症患者僅僅是想到失敗就會讓他們如坐針氈。於是，他們躲在自己腦海中完美想法的背後，卻從不敢真正動手嘗試。慢慢地，對於完美的執念讓他們變得神經兮兮，並試圖透過控制自己的一切想法來「操控」外界。事情永遠停留在計劃而不去具體實施，也許永遠也不會遭遇失敗，卻也因此而止步不前。

完美主義者做事情總是喜歡「最後一個出場」。他們等到最後一分鐘才更新推送的文章，等到老闆嚴肅地催促才急匆匆地完成工作，等到眼看著要錯過班機才急忙奔赴機場。不管做什麼事，完美主義的拖延者總是要「壓軸出場」。

對於過分追求完美的人而言，達到他們眼中的完美是如此重要，以至於別人的感受都要為他們讓步。這種性格的人很難維持人際關係，因為他們的期待與現實不符，所以周圍發生的一切很容易讓他們失望。他們要求自己時時處處完美，也以這樣的「高標準嚴要求」對待他人，導致沒有人能真正與之溝通。

第四章　甩掉完美主義，否則你必拖無疑

完美主義者的種種「惡習」，足以讓他的生活變得一塌糊塗。當然，現在改變為時不晚，之前的章節當中已經介紹了很多應對拖延的方法，完美主義者一定要改變他們的「完美哲學」，從內心開始改變，讓生活煥然一新。

一個完美主義的拖延症患者，在經歷了拖延症所帶來的各種「災難」事件後，毅然決定洗心革面開始改變。他學著逐漸對生活中的不完美釋然，不再緊攥著內心完美的「標準」不放，對周圍的人更加開放和包容了。於是，這名拖延者漸漸發現，原來周圍有這麼多忠實又可愛的朋友。事實上，這些人一直都在他身邊，只是他一直躲在完美主義的「外殼」中不願看到外面的世界。而當他開始接受世界，世界也開始回應他。這種體驗給他的心靈帶來了極大的解放，他也因此逐漸迎來了事業的高峰期。人們問他：「你怎麼這麼順風順水？」他回答道：「因為我學會放下了。」想必只有經歷過同樣境遇的人才會明白這一點。

現在就開始改變你的完美哲學，不要再制定不切實際的目標，行動時又被這些目標壓得動彈不得。完美主義者在當初制定目標之時可謂「壓力山大」，既要展現他們的勃勃雄心，又想要把細節完美呈現。當然，這樣的目標有它的價值所在，可是，如果過高的目標讓人茫然失措、動彈不得，那它就完全無益於能力的提升和工作的進步。制定合理的目

標，是**轉變**「完美哲學」最有力的方式之一。

改變完美哲學，意味著要學會寬容與合作。完美主義者對待自己和他人都十分嚴苛，總是不斷地把本可以成為盟友的人變為對手。為了堅持自己所謂的「正確」，他們經常會疏遠那些本應在生活中給自己帶來溫暖與動力的人們。完美主義者喜歡爭吵，喜歡證明自己是正確的。從現在開始，放棄這種做法吧，只有學會寬容與合作，才能擁有更多的朋友，擁有更寬廣的人生。

改變完美哲學，就不要再畏懼失敗。完美主義者害怕失敗，這種失敗成了他們推延拖拉、遲遲不肯做事的原因。他們很少會感到滿足，還是那句話，因為他們不追求卓越，只追求完美。他們不知道，追求完美的征程在起步前就注定會以失望告終。在這個本就不完美的世界上，所謂的「完美」是不存在的。

拖延症患者在社會群體中已不再是小眾，越來越多的人都開始意識到時間管理的重要性，我們要和拖延症劃清界限。對症下藥，才能藥到病除。對於完美主義者而言，一定要找到適合自己的方式來對抗拖延症，只有這樣，克服拖延才能事半功倍！

第四章　甩掉完美主義，否則你必拖無疑

完美主義強迫症的表現

有的時候，我們以為將所有的事情堅持到最後就會得到完美的結局，但是堅持到最後的結果往往證明我們的這種想法是錯誤的。為什麼呢？因為我們明知不可為，卻依然執著地想要堅持到最後。其實，大可不必有完美主義的強迫症，在該「以退為進」的時刻做出正確的抉擇，才是最明智的行動。

1960年代，日本的松下通信曾經在大型電子電腦的業務開發上投入了鉅額資金，但是在1964年，公司的總裁松下幸之助卻突然宣布放棄這個開發專案。當時有很多的員工表示很不理解，他們甚至一度認為這是總裁的任性行為。但是後來松下幸之助對於這次的事情進行了分析：現在的市場上，大型電腦這個行業已經被IBM壟斷了，富士通、日立等公司也正在為搶占電腦市場費盡心機。如果這個時候涉足其中，並且想要得到一個很好的優勢，這是絕對不可能實現的。松下公司這個時候必須要學會當機立斷，不能拖著，否則的話，就會滿盤皆輸。後來事實證明，這個決定是極其明智的，松下公司沒有和其他公司進行鬥爭，也沒有與任何公司為伍，而是專注於發展自己企業的傳統產品，走出自己的特色道路。

完美主義強迫症的表現

我們常說的持之以恆、堅持到底，這種精神是每一個人都應該有的，但是當我們知道自己的堅持是錯誤的時候還執迷不悟，那麼這個時候越是堅持，我們距離成功的目標會越遠，距離失敗會越近。這種做法用這樣的話形容是再合適不過的了：「不撞南牆不回頭。」

冰冰和雲雲是兩名業務員。冰冰在向客戶進行產品推銷的時候，不管對方的回答是「買」還是「不買」，她都會拉著某一名顧客堅持「硬碰硬」。最終她的銷售業績很是慘淡。而雲雲總是在推銷之前對客戶進行充分的觀察，在很短的時間內了解到客戶對於自己的產品是不是有購買意向。如果客戶具有購買意向，那麼就向客戶推薦產品，如果客戶表現得對自己的產品沒有興趣，那麼就果斷放棄這個客戶，轉身投向於另外一個有意向的客戶身上。不難理解，雲雲的銷售提成比冰冰高出許多。

試想，如果銷售員根本不清楚客戶的需求，就向客戶進行產品的推銷，即便客戶已經表示了不想買的意願，他還是按照自己的意願堅持到底地進行著自己的工作，那麼到了最後，他既不能把自己的產品推銷出去，也會在這個沒有購買意向的客戶身上浪費很多時間，又怎麼會有銷售業績呢？完美主義者總堅持認為做事情一定要堅持到底，一直在告訴自己不能半途而廢。然而事實上，一味地浪費著自己的時間，還真的不如「半途而廢」來得效果好。總盼望著下一秒出現奇

第四章　甩掉完美主義，否則你必拖無疑

蹟，這是不知變通的表現。

所以，我們不能說只要堅持，就一定會迎來成功。不要在錯誤的道路上堅持到底，當一條路走不通的時候，請嘗試著換一條路，轉換一下自己的思維，否則只會白白浪費自己的時間，等到最後想明白的時候，為時已晚。

當自己的親身經歷在提醒我們「這條路你已經行不通了」，那麼就趕緊轉換另一方式，不要再拖延了，因為這只是在浪費你的時間而已。

我們不要在假想的道路上白白浪費自己的時間，每當感覺自己的這條路實在是沒有任何希望的時候，我們完全可以抽身出來，探尋另一條可能的出路。「總有路可走」，如果換一條道路可以成功，我們又為什麼要把自己的時間浪費在沒有希望的出路上呢？

堅持的精神固然是十分可貴的，但這並不是要你撞南牆，或者在一棵樹上吊死。要學會適時調整自己的工作方向。這條路行不通，那就轉身向另外一個方向出發。有的時候，堅持一直走沒有希望的路，最後換來的並不是完美的結局，而往往是拖延了成功，耽誤了要事。遠離完美主義的強迫症，從實際出發才能活得自在。

不要在完美中迷失自己

　　完美主義者總希望能不斷進步，越來越靠近自己的夢想。他們往往有著清晰的頭腦和對自己及身邊人嚴苛的要求。完美主義者也常常會拿不定主意，猶豫不決，同時在自己未想好要怎樣去做時，卻要苛求別人來配合自己。

　　小江是一位年輕的主管。他的文筆不錯，遇到事情也總能分析得頭頭是道，因此相當受上司器重。可是大半年下來，小江領導的團隊業績卻不盡如人意，下屬們也多有怨言。原來，小江是個完美主義者，他將對自己的高標準嚴要求追加到下屬身上，要求他們做事要考慮周全，沒有差錯。在幾次發現下屬達不到他的要求後，就開始事無鉅細地親自過問，下屬的積極性和創造性也因此大受影響。時間一長，小江不再有充足的時間完全按自己的標準進行每一步工作，於是，強烈的不安全感產生了。他越希望控制所有的工作程式，現實越是讓他感覺到無奈和失控。

　　小江不管對人還是對事，都高標準、嚴要求，力爭盡善盡美。這樣的人，堪稱完美主義者。完美主義者無止境地追求卓越，也強烈要求別人達到他的水準。由於對自己太過苛求，完美主義者總是覺得自己不夠好，從而對自己失去信

第四章　甩掉完美主義，否則你必拖無疑

心，覺得自己不能獨當一面。

完美主義者總是習慣用「非黑即白」的眼光看世界。他們相信，一切事務都應該像有標準答案的試題一樣。他們總是覺得自己在捍衛信念，堅持原則。但是，這些原則，別人可能完全不以為意。遇到意見有分歧的時候，完美主義者總是急於表達自己的觀點，對於妥協和退讓嗤之以鼻。結果可想而知，完美主義者在社會當中總是孤軍奮戰，常打敗仗。

通常，完美主義者無法忍受自己跟別人一樣，總是想方設法要超越別人，成為眾人矚目的對象。這時，他們的注意力不是放在如何發揮自己的才能上，不是為了做事而做事，而為了勝過別人。然而完美主義者並不會經常被勝利女神眷顧，他們總會遭遇失敗和挫折，這對他們脆弱的自尊心是個不小的打擊。

有一類完美主義者始終活在自己的世界裡。這類人給自己設定遠大目標，並努力達到。他們容易陷入自我批判，情緒沮喪。加拿大芭蕾舞演員凱倫·凱恩享譽國際芭蕾舞界，在她的職業生涯中，表演超過一萬場次，但她在自傳中表示，只對其中大約 12 場較為滿意。除了那以外，她對自己能力的第一感覺就是失望。

第二類完美主義者總以為別人對自己有更高期望，於是為之不斷努力。這本是件好事，可這類人群總是賦予自己極大的心理壓力。他們給自己的壓力容易引發各種身體和心理

疾病，乃至產生自殺的想法。他們不願意嘗試新事物，因為害怕給別人留下愚蠢的印象。當覺得別人的要求不合理或者不公平時，他們只能默默地自我調節悲傷或者憤怒的情緒。他們要在人前展現完美，所以從不請求他人幫助，一切問題都自己扛。孤軍作戰早已不適合這個年代，因此完美主義者們的事業往往不會十分理想。

第三類完美主義者更甚，他們更傾向於把高標準嚴要求的對象拓展到其他人身上，要求他人也做到十全十美。他們把對自己的要求也強加給別人，覺得這樣才公平。這樣的舉動在其他人看來，常常是冷漠而沒有人情味的。這類人往往處理不好人際關係，婚姻一般會遭遇失敗。

有一些方法可以幫助解決完美主義者的苛責心態。首先，完美主義者要改變自己的認知模式。要知道世界上沒有十全十美的事物，保持一顆平常心並知足常樂，才能達到平和的心境。換一種新思路，即嘗試不完美。其次，完美主義者要改變釋放方式。用恰當的方式釋放自己壓抑的心情，如聽音樂、做運動等。在心理學上這被稱為昇華。做事情要抱著一種欣賞、感受、體驗態度，要爭取時時刻刻都能從生活和工作中感受到快樂。最後，完美主義者要學會順其自然，不要過分在意自己在他人眼中的形象。思考問題時，要學會接納控制不了的局面，接納自己所做的不完善的事，不要鑽牛角尖。

第四章　甩掉完美主義，否則你必拖無疑

完美主義＝逃避主義

　　完美主義是保證工作效率和保持清醒頭腦的最大敵人。我們甚至可以說，完美主義是導致人們止步不前的一大「攔路虎」。它使人沉浸在工作當中的各類細節裡無法逃脫，喪失全域性觀念的同時又讓人效率低下。在這個充滿瑕疵的世界裡，萬事萬物皆不盡完美。我們用完美來界定工作、生活的標準，無異於緣木求魚。

　　為了讓我們的工作更加富有成效，我們一定要力圖拋卻完美主義。生活已經不易，別讓自己活得更加艱辛。大部分由於追求完美而導致工作被拖延的人們，並不是不看重工作，他們反而是為自己的好勝心切所累。如果我們無法很好地控制和約束自己，不如參與到優秀的團隊當中一起行動。這不僅能夠增加我們取得成功的籌碼，還可以在旁人的督促下改變自己的行事節奏，讓自己工作的效率更高。

　　不切實際的期望如同海市蜃樓般無法追求。想要做一個活在當下的人，我們就需要盡力辨別哪些是實際的，哪些是不切實際的期望。我們甚至可以拿出紙筆，列出那些一直駐留在你腦海中未曾付諸實際的行動。很多時候我們之所以選

完美主義＝逃避主義

擇逃避，是因為我們讓心靈承擔了太多的負累。不如降低對自己的期待，輕裝上陣地完成任務，效果反而會好得多。

「凡塵俗事皆不足以苑囿人心。」成就、聲名、影響、權力及金錢都無法換來內心如孩童般純粹的歡愉和寧靜。有時當完美主義者看到別人因無所求而知足常樂，甚至還會心生一些小忌妒。作為完美主義的逃避者，看似生活得十分安閒，然而他們往往給自己的心靈增添了太多的負累。與其說是逃避困難，不如說是在恐懼失敗之後帶來的後果。然而事實上，我們並不會為一時的失敗真的失去什麼，我們只是在失敗發生之前把它「妖魔化」了。

想要擺脫「完美主義者」的標籤，就要從學會接受自己的失敗做起。事實上，每一個失誤都值得人們慶祝。因為每一次犯錯都使人的心靈發生蛻變，這是多少成功都無法給予的。

完美主義者眼中，世界常常是「非黑即白」的。對過分追求完美的人而言，如果工作學習上出了什麼差錯，那似乎就意味著距離成功更遠，甚至讓人生都染上了一抹灰色。其實我們的世界是如此多彩：完美主義者應當回歸一顆童真的心靈，像一個孩子那樣從容應對混亂的狀況、懸而未決的問題以及各種複雜的環境。即使我們曾「完美」地處理了什麼事，那也是當時的經驗，不能廣泛用於今後的一切經歷。

第四章　甩掉完美主義，否則你必拖無疑

拖延症也是完美主義的表現。正因為我們大多數人害怕犯錯，從而遲遲不敢下手做出一番事業。美國一位心理學博士在他公開出版的論著中寫道：「那些高效人士的祕訣之一就是他們從來不會一次性解決一個難題。相反，他們盡量把任務細分，一天一個小問題地解決。」

克服完美主義最大的挑戰來自於人自身。面對生活中的不完美之處確實是件不小的挑戰，然而只有如此，你才能看清每一個傷痕下面深藏的智慧。每個人都不可能占據所有的美好，因此接受不完美也是讓我們成就完美人格的一個途徑。

不要在完美主義的誘惑下逃避困難。完美主義者在追求完美時，往往不僅收穫不了完美，反倒讓自己陷入心理惡性循環，最終拖延到草草完成任務，甚至可能在規定時間內都完不成任務。這些人之所以不能取得成績，不能取得人生的成功，不是他們缺少能力，也不是因為他們沒有追求成功的野心，而是因為他們在做任何事情之前，都不能克服自己追求完美的意念與衝動，因此浪費了時間，喪失了機遇。他們在做一件事情之前，總是想使客觀條件和自己的能力都達到盡善盡美的完美程度後再去做，殊不知，為時晚矣。

在生活中，我們不要做一個完美主義者，不妨適度對周圍環境予以妥協。無論是對待工作、事業，還是對待自己、

完美主義＝逃避主義

他人，我們都不要用完美來苛求。因為完美主義者有可能什麼事情也做不成，而妥協者卻會多多少少有些進展。萬萬不要等到所有條件都成熟之後，才開始做需要完成的任務。那樣的情況在現實生活裡少之又少，而工作任務總是堆積如山。要知道，人生本來就不完美，生命本來就不完滿，何必追求完美主義呢？

完美主義者們在追求完美的過程中，拖延了很多事情，錯過了很多機會，失去了很多收穫。所以，完美主義者們，為了能夠更好地發展，請不要過分追求完美，而是做一個馬上行動的「不完美主義者」，這樣的生活態度，會讓壓力變小，心態變好，生活越來越美好！

第四章　甩掉完美主義，否則你必拖無疑

華麗的想像與真實的行動

一位優秀的年輕人要代表公司去參加全國性的比賽。為了能在一週後的賽場上取得好成績，他認真地籌劃了為期一週的準備計畫。他首先用了兩天的週末時間蒐集了比賽相關的資料，多達幾百頁。從第三天開始，利用午休時間把這些資料分門別類地排版並影印出來。結果到了晚上，疲憊不堪的他就提不起興趣來了，沒有看這些資料。第四天下班後公司臨時安排他參加一個會議，因此也沒有時間看那些資料；第五天晚上要和女朋友約會，又消磨了一天。第六天──也就是比賽前的最後一天，他暗自下定決心，一定要好好準備，可是當他把幾百頁的資料擺在桌子上時，他自己也嚇了一跳──這麼多，怎麼看得完？後來，這位年輕人不吃不睡地硬著頭皮看了 2/3 的內容。比賽時，他終於因為準備工作不足而緊張得發揮失常，結果在第一輪便敗下陣來。

人們總是在接受一項新工作或一個新專案後興奮不已，憧憬著一鳴驚人的工作結果，天天在想怎樣做，卻百思不得其解，又不準備在沒有完美的想法之前開工，於是時間一天天過去，眼看快到最後期限了才動手去做。因為時間緣故，便只求按期完成，哪顧什麼完美。有時甚至連最基本的準時完成也不能保證，這樣一來，完美自然也就無從談起了。

華麗的想像與真實的行動

人們往往為了追求完美而努力，結果卻往往是連完成都做不到，原因何在呢？就是因為太執著於完美，而忽略了我們的最終目的是完成。

在打字機剛剛發明的時候，鍵盤上字母的順序是按照字母表中字母的順序排列的，因為這樣便於敲打輸入。但是，由於那個時代技術的不成熟，如果打字速度過快，很容易出現卡鍵問題。如何解決這個問題呢？當時科技落後，卡鍵的問題一時半會兒難以解決，正當人們為此煩惱的時候，一位名為克里斯多福的先生靈機一動，將最常用的幾個字母安置在最不容易夠到的位置，最大限度地放慢敲鍵速度，這樣以降低速度的方式避免卡鍵，於是形成了「QWERTY」的鍵盤布局。

雖然「QWERTY」的布局算不上完美，因為它毫無規律可言，大大增加了學習者的難度，但在當時，這是避免卡鍵的最佳方法。是順利操作鍵盤更重要，還是字母排列的完美性更重要？答案不言而喻。

完成任務是最起碼的要求。完成是完美的先決條件，沒有完成就談不上完美。凡是效率高的人，會遵循一個做事原則：先追求完成再追求完美。他們絕不打著「沒想好，沒想周全」的名義把該做的事情拖到最後一天、最後一刻才去做。

華麗的想像總是與真實的行動有所差別。我們做事的時候要停止鑽牛角尖，停止糾結細節。要發一封郵件給客戶，

第四章　甩掉完美主義，否則你必拖無疑

來來回回看了十幾遍，總想在點選「發送」之前確保一切完美；曾在一個大專案上糾結於一個非常小的細節，導致專案延期……這些情景是否似曾相識呢？開始訓練自己，別再把無關緊要，不影響實現目標的小細節複雜化。就算萬一犯了錯誤，只需要記下來，下次自然就學會該如何避免。無論你喜歡與否，我們總是在錯誤中學習和成長。

在接手一件新任務的時候，最好預估完成時間，合理分配任務。如果妄想確保一切都完美，在一定程度上就是浪費時間。按照事情優先順序排序，建立一份待辦事項清單，並標注預計完成時間，這樣做可以幫你追蹤自己的執行狀況，更快完成專案，而不是糾結於完美。當然，一天之中，總有些突發事件是無法預估的，面對這些，經驗法則告訴我們，如果突發事情在短時間內可以完成，那就立即完成它！執行一個大專案的間隙，花幾分鐘處理這些突發小事有助於休息、醒腦和之後更加專注投入其他工作。

你就是你，不要總把自己和別人作比較。「知己知彼」和「拿自己跟別人比」是兩回事。一方面要了解對手，運籌帷幄；另一方面注意不要總拿自己和別人對比，關注於自己的想法和正在做的事情，努力達到自己的期望，這樣才能避免負面想法和完美主義情結。如果發現別人在某些方面做得更好，那就虛心向他人學習，而不是把它當作影響你工作和完

成目標的障礙。

　　美國著名的社群服務網站臉書前營運長雪莉兒‧桑德伯格曾說過：「完成比完美更重要。」人們在面對大大小小的任務時，總是遲遲不肯邁出第一步，除了惰性的原因，還有自己施加的過高壓力在作怪。自己總覺得還沒有準備好，生怕做得不夠完美，於是就把那些願望、理想，甚至應該完成的任務停留在想像中。只要馬上行動，你就會發現，原來一切都沒有那麼難，難的是卸下追求完美、面面俱到的心理負擔。請永遠記住：如果連及格分都沒有達到的話，又怎麼能夠達到滿分呢？

第四章　甩掉完美主義，否則你必拖無疑

衝破自我設定的枷鎖

　　延正是一個完美主義者。從小父母對他管教很嚴，要求很高。如果他考了 99 分，父母會問為什麼不能爭取得滿分；如果得了滿分，父母就要求他不要驕傲，繼續努力。總之，父母對他很少有滿足的時候。那時候他也很爭氣，成績一直很好。但是，現在工作幾年之後，延正發現自己的性格和父母越來越像了，很難對自己滿意，對他人要求也很高，工作上追求盡善盡美，很難寬容別人，也不能原諒別人的失誤，以致手下的人都受不了他的管理方式，矛盾很多。所以，他很苦惱，卻又不知如何才能擺脫這種狀態。

　　這就是完美主義者身上典型的特徵:不懂得寬容與妥協，不能理性地自我評估。完美主義者常常想把一切事情都做得很完美，因此就會採取一些超出尋常的方式來達到目的，如有些人不允許自己在公共場合講話時緊張，發言時拚命克制自己的緊張感，結果越發緊張，並形成惡性循環；有些人不允許自己的工作成績僅僅是一般，一定要做得最好，結果是自己累得像條狗，而工作不僅沒完成，效果也沒有想像的那麼好……這些想把生活中每一件事都做得完美的人，患得患失，害怕缺憾是他們的心理根源。

完美主義者在開會、學習、討論發言時，總認為自己「一貫正確」，認為自己的想法很不錯，並且大事、小事都想管，都想說。總覺得別人的事都沒做好，都沒盡到責任，別人辦事不公平、不及時、不周到，唯有自己最公平、最正確、最完美。還有些人愛挑刺，對很多事總是不滿意。稍不如意，他們就會把事情拿到公共場所來說，搞得空氣緊張，人心不舒服。甚至有些人大事做不來，小事又不願做；別人老老實實做事，得到同事或主管的肯定，他又心裡不平衡，總是擔心別人超過了自己……

有人將拖延的行為生動地比喻為「追趕昨天的藝術」，對完美主義的拖延者來說，拖延行為也是「逃避今天的法寶」。他們不去立刻著手完成現在可以做的事情，卻想著將來某個時間來做。這樣似乎就可以避免在準備不夠充分的情況下馬上採取行動，與此同時還能安慰自己說「我並沒有打算放棄」。每當完美主義的拖延者需要完成某個有一定難度的工作，他們都會求助於這種所謂的「拖延法寶」。

不能指望一個過度的完美主義者會突然改變，作為完美主義者身邊的親友，要幫助消極完美主義者反思自己，關鍵是讓他們理解苛求完美本身就不完美，在追求完美的過程中會失去很多。消極完美主義者應該逐漸意識到：大智慧在於平衡和諧而不在於完美。

第四章　甩掉完美主義，否則你必拖無疑

　　完美主義者，一定要學會寬容，只有寬容別人，寬容自己，你的生活才會更加精采！完美主義者要學會適當地自我批評，既不誇耀自己，也不苛責自己。與周圍環境能保持良好的接觸，能容忍生活中的挫折與打擊，並且不會過度幻想。完美主義者一定要有自知之明，了解自己行為的動機與目的，並且在團隊中要與他人建立和諧的關係，一定要在不違背團體共同利益的原則下保持自己的個性。

　　多數完美主義者對他人的評價和權威評價過於敏感，害怕來自他人，尤其是來自權威的批評。他們為自己設定極高的標準，看似是要將事情做得無懈可擊，其實是在極力避免被批評。在他們的想像中，他人是苛刻的，要求是極高的，而實際情況卻未必如此。其實，完美主義者可以透過與他人積極溝通來了解他人的真實想法。這個過程能讓他們明白，現實中只有少數人抱有苛求的眼光，人們比他們想像的寬容得多。完美主義者與人相處和共事時，要懂得每個人都有缺點和不足，要學會對自己和他人「睜一隻眼閉一隻眼」，把目標和方法定得靈活一些，要有一種「退一步海闊天空」的心理準備，這條路不行可以走那條，不要鑽牛角尖。

　　完美主義者要學會從容，學會對自己不過分苛刻。在工作上替自己定一個「跳一跳、能摸到」的目標，不要太在意上司和同事對自己的評價。否則，遇到挫折就可能導致身心

疲憊。不要為了贏得每一個人都對自己的滿意而處處謹小慎微。

只有學會進行正確地自我評估，完美主義者才可以看清事實，客觀地待人處世，能寬容自己，也能請求別人的原諒。學會自我評估，完美主義者才可以公正客觀地看待事情，不會因此而感到不舒服。在體會到某種不愉快的感受時，你可以深吸一口氣，不會被這種感受擊垮。學會自我評估，完美主義者才不會花那麼多時間讓自己忙得不可開交，能看清形勢，做出選擇，而不是被形勢所迷惑，找不著出路，或者乾脆倉皇逃避。學會自我評估，完美主義者才不會為了爭論而去爭論。當能夠客觀地評估自己的時候，完美主義者就能懷著謙遜的心態，大方地承認自己所犯的錯誤。

完美主義者應當停止「作繭自縛」，在生活和工作中不斷地積極思考、充實自己，保持敏銳的觀察力和強大的思考能力，牢牢把握住稍縱即逝的機遇。「馬上行動」能幫助你衝破自我設定的枷鎖，從而更好地讓你發揮出巨大潛能。

第四章　甩掉完美主義，否則你必拖無疑

當「想要」超過「需要」

　　「人貴有志，當志存高遠。」古人告誡我們，一個人應該有遠大的志向，不應該把眼光局限在眼前，應該把眼界放寬一點，目光看得長遠一點。對一個人來說，當「想要」超過「需要」，當我們對目標有了強烈的執著，我們就一定會實現心中的夢想。

　　有個雕刻家正一刀一刀地雕刻一塊尚未成型的大理石。在他身邊，一名小男孩好奇地張大眼睛觀看。經過雕刻家的巧手雕鑿，過了一會兒，雕像逐漸成形，一個美麗女人的模樣出現在雕刻家和小男孩面前。小男孩十分驚訝，不解地問雕刻家：「你怎麼知道她在裡面？」雕刻家微微一笑，對小男孩說：「因為她活在我心中，我只是把她從內心裡請出來。」

　　其實，每個人心中都有一個美好的自己等待被「雕刻」出來，只要你勇於去做大家認為不可能做到的事情，你就會越來越接近那個目標。人們常說：「心有多大，舞臺就有多大。」做任何事情，信心最重要，之後才是策略和技巧。我們要先決定是否要做眼前這件事，然後才是決定怎麼做。先有了明確的方向，再來考慮要怎麼做。

當「想要」超過「需要」

厄普丘奇是美國一個水管工的兒子。少年時，他和漂亮的鄰家女孩相戀。但是兩人的性格和志向卻大不相同，女孩想要闖蕩一番事業；而厄普丘奇只想過簡單的生活，對事業沒有什麼大的企圖心。然而簡單的生活目標更難達到，他的婚姻不順利，和妻子離婚後生活一團糟亂。而他的初戀女友，已經成為美國前任總統歐巴馬的夫人。

蜜雪兒高中的時候就想進入屬於常青藤聯合會的名牌大學接受教育，這種動力促使她考上普林斯頓大學學習社會學，後又透過自己的努力進入哈佛大學法學院，投身律師界，與同樣畢業於哈佛的的歐巴馬相識相戀，結婚後協助丈夫成功競選美國總統而成為世人矚目的美國第一夫人。

當電視臺採訪厄普丘奇，問造成如今這種差別的原因的時候，他的回答是「志向不同」。

為什麼曾經家庭條件差不多的戀人如今的境況卻是天差地別呢？這值得我們深思。說到底，這就是因為他們的人生態度不一樣：她有強烈的目標感，而他選擇了得過且過的生活。

當你確定了一個較高的人生目標，並且為這個目標付出汗水，你就將清楚地知道自己努力的方向，並且有了前進的動力。當你心中有了「想要」的目標，你的行動就會變得積極起來，你會為了實現這個目標而不斷的去努力奮鬥，去竭盡所能的打拚，最終一步步接近並且實現這個目標。當你目標

第四章　甩掉完美主義，否則你必拖無疑

達到的那一刻，你的人生自然就會變得精采起來。蜜雪兒正是因為有自己的遠大目標，才能考入哈佛法學院，才會有機會認識歐巴馬。如果，她只是想過簡單的家庭生活，那麼她現在的生活很可能和厄普丘奇一樣的糟糕。反過來，如果你沒有一個明確的目標，或者是你的目標非常簡單，只是週末要看一部好看的電影，明天要買一件漂亮的衣服，長期停留在低層次的生活模式中沒有更高的追求，長此以往，你對很多美好的事物的渴望程度也會慢慢降低，你對生活的不滿會越來越多，生活也就這樣變得黯淡無光。

從相當程度上來講，你替自己定下的目標決定了你能夠達到的人生高度。你對自己有什麼樣的規劃和目標，你未來人生的事業和生活就會呈現出相對應的結果。

在生活中我們也能發現，有目標有理想的學生，其積極性、自覺性、主動性、意志力都很強，成績也很優異；而那些對未來沒什麼規劃，沒有明確目標的學生，在讀書的時候總是消極被動、敷衍應付，成績也多半不理想。對於上班族也是同樣，在入職之初就心懷「野心」的人，三年五年後常會實現不小的跨越；而從一開始就隨波逐流的年輕人，很可能在30歲之後依然在公司做著很基礎的工作。

也許有人會想，有了遠大的目標又能怎麼樣？我付出努力了，就一定能夠實現目標嗎？上帝對每個人都是公平的，

當「想要」超過「需要」

他為我們關閉了一扇窗，必定會在另一個地方為我們開啟一扇門。馬克‧祖克柏、比爾蓋茲這些人並不比我們擁有的時間多一秒鐘，也並不是他們的智商遠遠凌駕於他人之上，但為什麼他們取得了令人矚目的成就，而我們卻只能每天庸庸碌碌的過著平凡簡單的生活呢？不是因為能力不行，不是因為做不到，問題的關鍵就在於我們沒有博大的眼光去看到人生更高的層次，並且為這個高度去付出努力。

「燕雀安知鴻鵠之志」，如果陳勝沒有反抗秦朝壓迫統治的想法，就不會有後來的陳勝吳廣起義，也許就不會有後來劉邦、項羽成功推翻秦朝的結果，就沒有後來的漢朝出現。現實中，我們每一個人都應該有陳勝的「鴻鵠之志」，做一個有理想有抱負有目標並且勇於去實現的人。

鷹擊長空，是因為志在藍天。它渴望翱翔於天際，享受高空俯瞰一切的視覺享受，陶醉於自由自在高空飛翔的暢快。而一頭長期被關在籠子裡的獅子會逐漸忘記自己的野獸本性，貪圖安逸，變成一頭只會吃喝玩耍，供人觀賞的寵物。電影《獅子王》中的辛巴在很小的時候就發誓長大後一定要為父王報仇，奪回王位，所以他為了這個目標去努力，就算那時的他十分弱小，無法與強大的叔父刀疤對抗。最後的結果是他經歷了無數艱難困苦，透過自己一步步的努力，挺過了無數次的失敗，最終成為了叢林之王。

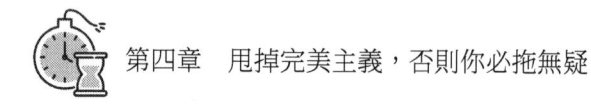

第四章　甩掉完美主義，否則你必拖無疑

　　遠大的目標總是能使人產生巨大的能量，只要你敢想敢做，沒有什麼是不可能的。一個人只有輸得起，才能贏得起。不要因為困難而放棄你的目標。打破現狀，獲取新的人生。勇於突破自我，超越自我，迎難而上，人生才能夠更加美好。

不對不可預知的未來抱過高的期望

有些人特別容易迷失自我,比如那些對於自己要求很「嚴格」、對未來抱有過高期待的人。相當一部分人都會有這樣錯誤的理解:對不可預知的未來懷著很高的期望是一件很正確的事情。然而恰恰相反,過分懷著不切實際的期待反而會妨礙準時完成任務。

對未來期望過高的人們做事的時候,特別害怕自己犯錯,做事總是畏首畏尾的。他們在做一件事情的時候,總是會下意識地一再思考,如何才能夠比較完美地把這件事做得毫無瑕疵,而不是考慮如何在規定的時間內把這件事情完成。因此很多這種類型的人不能適應快節奏的企業生活。儘管他們總在力求將每一件事做到盡善盡美,但是由於更多的工作被他們延誤,因此他們往往受不到上司的讚揚和誇獎。

對未來抱有過高期望的人常常對現實缺乏準確的認知,他們經常給不出一個比較精確的工作完成期限,也對自己的能力和工作效率缺乏準確的認知。因為他們一心就想著做好一件事情,一定要將這一件事情做得盡善盡美。因此,即使是把一件難度不是很高的工作任務交在這些人手裡,他們也經常無法準時完成。

第四章　甩掉完美主義，否則你必拖無疑

茉莉在一家公司從事設計工作，她是個對工作成果有著很高期待的人。這天，上司交給她一件設計任務。由於茉莉太追求完美了，她在設計之前，一遍一遍地改寫計畫，自認為哪裡給人的感覺不好，就會進行修改。在設計的過程中，她也不住地「瞻前顧後」，生怕錯漏了一個環節。最後快要完工的時候，茉莉的腦海中忽然閃現出一個靈感，於是她又從最初的設計做起。字體必須工整，情節必須到位，設計必須要有特點，背景必須要適合……這項並不算複雜的任務被茉莉一再拖延。

不能不承認的是，對未來抱有過高的期望無疑是在「謀殺」我們的時間。因此，如果你在一件事情上明顯做出了過度追求完美的期待或舉動，那麼必須承認的是這樣只是在耗費你自己的精力。不同重要程度和難度係數的任務，我們需要進行不同程度的付出。一個普通的任務只需要給予普通的付出，即便你使出了全力將之做到盡善盡美，這件任務也不會讓你因此得到超額回報，甚至會將你的整個團隊的工作效率拉低，拖團隊效率的後腿。忘掉那些不切實際的過高期待，你將來的工作效率將得到大幅度的提高。

張教授的著作備受稱譽，授課水準在學生當中也頗受稱讚。這天，張教授接受了校報記者蘇同學的採訪。這位老教授說，自己在生活中一直都是喜歡追求完美的，所以做起事情來，認真是認真，但速度卻特別慢。就拿之前他想要寫一

不對不可預知的未來抱過高的期望

本關於植被的書來舉例,張教授對植被的研究是頗有心得的,他對這方面的書林林總總也看了不少。當他產生了要寫一本這樣的書的想法,就開始參加各種關於植物的研討會和考察組。他為自己的這本書寫了無數個大綱,卻一個一個都被他給否決了。

張教授說,自己要想寫的這本書要涵蓋所有的知識點,一定要具有他曾看過的所有書的知識點,一定要讓大家看了自己的書之後,就沒有必要再去看其他的書。因此這本書一直停留在老教授的構思之中。結果三年後,張教授的書仍停留在提綱的階段,正文部分仍然沒有開始寫。

張教授一直提醒記者蘇同學:「任何的事情不要過於追求完美。因為有些事情越是追求盡善盡美,這件事情能被完成的機率就會越低。如果我們希望很快地投入某件任務當中,首先就該學會削減自己的計畫。計畫太過完美,實作起來就會發現沒有實現的可能性。」

張教授的事例讓我們不得不反思自己:很多時候,我們花了那麼長的時間來對要完成的任務進行規劃,但是真正把計畫付諸實施時,按照我們理想化的標準完成的任務能有多少件?為了更好地完成任務,我們需要適當減少對將來的期待,把計畫制定得更有實現的可能。另外,思慮太多,反而延誤了我們完成事務的腳步。

對於那些對未來抱有過高期待的人來說,他們不會立刻

第四章　甩掉完美主義，否則你必拖無疑

去做一件事情，做起這件事的時候也不會表現得特別的得心應手。因此一些人這樣感慨道：拖延其實就是行動的扼殺者；無意識地拖延自己的工作看起來是對自己工作責任感極強的一種表現，然而實際上，無法完成這件工作任務只會證明你對於自己工作的不負責。經常去考慮自己的工作結果對於別人的影響，也會使自己拖延。任何人都不能要求自己做的事情達到完美。

其實，承認自己在工作中會有各種缺失，是一件相當正常的事情。大家並不會認為出現紕漏就意味著無能，每個人心中都會有「人無完人」的基本認知。想要擺脫由於對自己要求過高造成的拖延，就要先擺脫「必須完美」這樣根深蒂固的思想。只有承認自己思想上的錯誤，我們根除拖延症才更有希望。

追求完美不是錯，但是這並不意味著做事情的時候就要畏首畏尾不敢行動。工作上的事情，在保證自己能夠準時完成的情況下，追求完美當然是可以被允許的。然而對未來我們不能抱過高的期望，活在當下盡力而為，就是最好的努力狀態。

第五章

當等待成為拖延，
只會奪走你的動力

第五章　當等待成為拖延，只會奪走你的動力

爲什麼大多數人願意維持現狀

我們已經知道，懶惰和拖延是狼狽為奸的，兩者經常會把你的生活搞成一團亂麻，毫無頭緒。在「維持現狀」心理的驅動下，大多數人寧願在這樣「溫水煮青蛙」的日子裡得過且過。戰勝拖延是一場持久戰，要去戰勝久經歲月而沉澱下來的一種很不好的習慣，並非一朝一夕就可以改變的，所以，在戰勝拖延之前一定要做好心理準備，要有勇氣捨棄過去的自己，做一個全新的人。

有一隻住在路邊的青蛙，牠每天都喜歡一邊在路邊曬太陽一邊閉目養神。忽然，牠聽到同伴呼喚牠的聲音：「嘿，老兄，聽到我在喊你了嗎？」路邊的青蛙懶洋洋地睜開眼睛，才發現是住在田地裡的青蛙在喊牠。田裡青蛙激動地朝牠揮舞著手臂，不停地說：「你住在那裡實在是太危險了，不如搬過來跟我同住吧！這裡不僅涼快，而且每天都有蟲子吃，不用擔心溫飽問題。最重要的是，我這裡比你那裡安全多了。」

路邊青蛙聽了，露出一副很不耐煩的表情。牠知道田裡青蛙是在替牠著想，可是牠卻非常不能接受這樣的指手畫腳。讓牠扔掉現在舒適的生活，門都沒有！於是路邊青蛙和同伴說：「我已經習慣住在這裡了，搬過來搬過去太麻煩了。

為什麼大多數人願意維持現狀

我這裡有風吹,有暖暖的太陽晒,而且也有蟲子吃,沒有必要非搬到田裡去。」

田裡的那隻青蛙搖了搖頭,無可奈何地走了。幾天之後,田裡青蛙想起這位老朋友,決定過來看看牠,卻發現路邊青蛙已經被疾馳而過的車輛給輾死了。

許多人都和這隻路邊青蛙類似,我們習慣了舒適的生活。如果自己再這樣安於現狀,懶惰下去,是不是也會和路邊青蛙一樣,難逃生活的厄運呢?安於現狀是大多數人的選擇,突然地改變會讓人感到極大的不適應。即使做出改變,想要在短時間內就得到成效,這也是很不現實的。但是安於現狀產生的種種麻煩和後果,我們許多人都曾深刻地體會過。

戰勝拖延和安於現狀之間貌似沒有多大的關聯,然而,如果我們能增強危機感和緊迫感,戰勝拖延就成功了一多半。安於現狀會抹殺掉人們打拚的激情,安於現狀造成懶惰,對什麼事情都提不起精神就會放慢做事情的速度,而做事節奏放緩和情緒的低落就容易造成拖延。懶惰和安於現狀成為無法完成工作的兩大「殺手」。安於現狀的人其實已經形成了一種心理慣性,他們抱著得過且過的心態,「做一天和尚敲一天鐘」,對安穩的需求勝於取得突破,這是典型的「混一天是一天」的心態,過著比較散漫的生活。

第五章　當等待成為拖延，只會奪走你的動力

　　安於現狀的心態像是一場瘟疫，在許多人身上都得到了淋漓盡致的展現。我們可以自欺欺人地認為偷懶是一件聰明的舉動，我們享受著偷懶之後的愉悅心情，我們似乎在偷懶中過著慢節奏的愜意生活，然而我們在這種得過且過中所受到的損失是無法估量的。我們處在一個講究效率的時代，每個人都在努力地奔跑，向著成功努力。而一個安於現狀的人只會在現有的條件之下裹足不前，不知不覺間，他和身邊人的差距會越來越大。安於現狀只會拖延成功的腳步。長久下去，願意跟安於現狀者同行的人會變得越來越少！

　　在生活中，人與人之間是需要互相扶持、互相關心、共同進步的。如果我們總是安於現狀、拒絕進步，那麼他人就會衝在前面，我們落在後面。那時，再親密的朋友、再親密的愛人之間也會出現一些隔閡，世界上不會有人願意永遠轉身拉著一個人跑，更何況還拉不同的人，互相幫助一起進步才是硬道理。

　　保持積極的生活態度，全心全意投入工作學習中，我們才能脫離得過且過的「死水」，重新開始最有品質的生活。

等待不一定都是耐心的表現

曾幾何時，我們在「等待」中消磨時光、無所事事。也許有人認為，等待意味著有耐心、有教養，不願意給別人多添麻煩。然而真的是這樣嗎？如果你是名學生，可能經歷過不少這樣的時刻：當你有幾個不懂的問題想要向老師請教，好不容易等到了課間，你發現其他同學已經在圍著老師提問了。這時候，也許你會想：其他人已經在提問了，我還是下次再問吧。然而細究原因，這難道不是深深扎根在你內心的懶惰使然嗎？被你在等待中忽略掉的事情，常常正是不為你所重視的事情。

你是否覺得平時的自己陷入懶惰的「沼澤」無法自拔？如此低迷的狀態，讓你自己都開始厭惡自己了。俗話說：「頭腦越用越靈光。」長時間不用腦子的你，思考的深度和持續度，還有自己對外界的反應靈敏度都在下降。懶惰不是一時養成的，自然也難以矯治。懶惰，也是一種難以言說的「慣性」。當你轉身跨上腳踏車，是否發現，自己即將踩下腳踏板的那一瞬間是最費力的？同理，開始早起、開始鍛鍊、開始節食……所邁出的第一步都是十分需要勇氣的。「萬事開頭

第五章　當等待成為拖延，只會奪走你的動力

難」，我們更多的時候是在並未開始的情況下就對困難望而卻步了。因此，如果我們想要更新這低迷的生活狀態，想要讓自己一旦開始就有個越來越好的程式，希望可以擁有強大意志堅持到底，那麼，改變懶惰的「慣性」，讓自己有個好的開端是再急迫不過的事情了。

然而，從來沒有一個改變可以稱得上是輕而易舉。雖然很多人嘴上說著如何如何憎恨懶惰的自己，但實際卻很享受慵懶的狀態，根本不願改變。言談間，他們一再表示想要走出懶惰的陰霾，然而當事情再次臨頭，他們比誰都更享受懶惰的過程。你是否也有相當一段時間沉浸在這個懶惰的狀態下而無法自拔了呢？今天的低迷永遠換不來明天精神抖擻的「復活」，除非你自己願意改變這樣的狀態。如果還要再用無謂的等待占用你行動的時機，你只能在這個頹廢的「惡性循環」裡惡性循環。一個長時間懶惰的人，大腦和身體機能都在下降。最為可惜的是，低迷的生活狀態讓你無暇顧及提高自己的機會，麻木的心靈也漸漸讓你在上進面前無動於衷。

通常情況下，一個人處於懶惰狀態卻又心有慚愧之時，總希望從外部接受某種刺激，讓自己振奮起來，重新步入正軌。於是不少人選擇聽勵志歌曲或者看勵志片，聽取長輩和朋友的建議，或者是得到了一定的教訓才會在一個灰濛濛的清晨突然明白了些什麼。在遭遇這些之前，人往往缺乏擊退

懶惰的勇氣和決心。然而那樣的時刻,換來的可能只是「三天打魚兩天晒網」的結局。而世間很多事,經不起一場教訓。如果沒有徹底改變的決心和勇氣,即使受外界的刺激幾百次也沒有多大用處。只有發自內心地願意從懶惰中走出來,才有「打好這場持久戰」的可能。能讓一個人站起來的,永遠只有他自己。

懶惰像是一道傷疤,印在曾經想要追逐夢想的年輕人的心裡。小孟上大學時成績優異,工作後的幾年卻丟失了自己。他還記得去年冬天,由於懶惰和等待,錯過了一個本來很好的工作機會。今年北風未來,他卻又給自己「傳達」了這樣的「心理暗示」:又到了這個讓人感傷的時節啊!為了消解這種憂鬱,小孟下了班常常和狐朋狗友一起喝酒,他的生活態度也很難積極起來。就像受傷的手臂明明結了傷疤,卻一次次用手觸碰;雖然沒感到痛,卻一次次沉浸在那種痛感當中。

後來,小孟漸漸明白,不能讓自己總是沉浸在等待的焦灼當中。他意識到自己在酒精的麻醉下偏離了生活的方向,思想的消極也讓他的意志力漸漸消退。小孟開始有意識地拒絕一些聚會,也在命令自己減少酒精的攝取量。這樣做不僅僅是為了調養自己的身體,更是為了讓全新的自己保持頭腦清醒、心靈沉靜。小孟開始改變自己遊手好閒的心態,認真投入到工作當中。當他有了前進的方向,之前的消極情緒就煙消雲散了。

第五章　當等待成為拖延，只會奪走你的動力

能夠短時間內讓人內心充滿動力的一個「靈丹妙藥」就是目標。如果人們失去目標，或者對未來的方向不夠明確時，懶惰就會自己「找上門來」。有些人的目標看似美好，然而細節部分還是值得商榷的。例如：有人說「我想做個好老師」，然而這一「好」字的含義有些模糊，如果以非常嚴苛的標準來看，這個目標是極難達到的。另有一些人，在剛剛接觸英語不久，就替自己定下了「在雅思中拿到四個7」的宏偉目標。殊不知，目標如果太過遙遠，實施的動力就平白無故減少許多。因此，制定一些具體的、易於實施的計畫，把期限設得短一些，比如一兩個月，這樣成功的機率就會增加不少。

走出被動低迷的狀態，其實比起我們想像當中的要容易不少，做好「今天」的事就很好。過去的日子不會重來，未來尚且遙遠，唯獨「今天」，能被我們抓在手裡。今天可以完成的事，盡量就不必麻煩「明天」「後天」。

有一位旅居異國他鄉的作家，為了不讓自己的生活在懶惰中垮掉，一直在跟自己進行不懈地「戰鬥」。他特意每天定了鬧鐘，監督自己不熬夜、不睡懶覺。他規定自己不「宅」在家裡，每天至少出門走一走。睡前不把手機放在床頭，睡不著就開燈看幾頁書。即使在不需要趕稿子的時候，他也要寫一點文字，練練筆。有人問他，嚴格要求自己是不是一件痛苦的事？作家回答說，在等待和懶惰中無所事事，任由身體和精神垮掉，比起忙碌來，要痛苦得多。

等待不一定都是耐心的表現

等待不一定是耐心的表現,它極有可能是偷懶的藉口。有些等待大可不必,戰勝拖延,不妨從現在開始。首先,我們不能享受這樣懶惰的狀態,如果你發自內心沉迷於無所事事的狀態,就不要在加班加點的時候嚷嚷著後悔。其次,在準備偷懶的時刻,不妨讓自己動起來。運動也好,聚會交友也好,讀書充電也好,讓自己在忙中有序的過程中過著精采的生活。最後,今日事一定要今日畢。總有一天,你的懶惰和低迷,都會離你而去。

第五章　當等待成為拖延，只會奪走你的動力

到底是什麼拖住了你

　　關於等待，網路上曾有一句流行的話是「等待花開」。可是誰又能知道，在這樣一份等待當中，含有多少焦灼和煩躁？在等待的過程中，人們可能會胡思亂想，可能會妄加揣測，在這樣耗費光陰的守望中，我們又能獲得些什麼？

　　每個人都知道生命是短暫且寶貴的，但是真正懂得惜時的人少之又少。有一位作家在她的專欄裡寫道：「如果有『以後』想做的事，現在，就請現在去做！」人生短暫，在我們能立刻做些什麼的時候，不要等待。

　　生活中，一些美麗的東西，若是錯過，恐怕會成為永久的遺憾。

　　茉莉是一位家庭主婦。這天，她的朋友蘭芳說自己前一段日子出了車禍，現在正在家靜養，問茉莉有沒有時間去看看她。一放下電話，茉莉就急急忙忙向朋友家趕去。

　　一開門，茉莉沒有見到熟悉的笑臉，取而代之的是蘭芳的先生。他的臉上雖然帶著笑容，看起來卻是心事重重。蘭芳坐在客廳沙發上，腿上蓋著一條毛毯。看見茉莉進門，蘭芳遺憾地笑著說：「沒去接妳，我站不起來了。」茉莉聽了這話，吃了一驚。蘭芳輕輕地把蓋在腿上的毯子拿掉，毯子下

面是她長短不一的雙腿。茉莉驚訝得張大了嘴：「怎麼會這樣！」蘭芳說：「在高速公路上被一輛失控的大卡車撞到。」蘭芳用手拍了拍難過的茉莉，讓淚水未乾的茉莉坐在她身旁。隨後，她招呼先生把輪椅車推來。看見嶄新的輪椅，茉莉的心裡又是一痛。茉莉望著蘭芳的先生把她朝輪椅上抱，淚水又模糊了——她曾經有多麼美麗的一雙腿啊！

茉莉推著蘭芳進了臥室。蘭芳指指衣櫥，示意茉莉上前開啟。隨著衣櫥門開啟，映入茉莉眼簾的是一件漂亮的象牙白吊帶裙，裙長及膝，兩條纖細的吊帶中間隨意搭著條銀灰色真絲長披肩，上面用銀絲繡著柳葉圖案，標明價格的商標小吊牌還掛在上面。蘭芳把連衣裙拿在手上撫摸了一次又一次，在身上比來比去：「好看嗎？」茉莉眼淚又出來了：「真好看！」蘭芳把裙子摺好，交到茉莉手裡。茉莉連連擺手。蘭芳說：「拿著！妳說我以後還用得著嗎？」二人又不禁熱淚盈眶。

蘭芳美麗的眼睛深深地望向窗外，眼裡是難以言說的哀傷。過了一會兒，她緩緩轉過頭來，對茉莉說：「妳知道嗎，當我得知我以後將永遠是現在的樣子，心裡最遺憾的是什麼？我最遺憾的，就是我再也不能穿漂亮的裙子了。我知道自己的腿又長又美，每次穿這種露著小腿的裙子出門，我都充滿了自信。我的衣櫥裡還有許多像這樣漂亮的裙子，車禍後出院回家，我把它們全部送人了。只是，這一件是我最喜歡的，我一直珍藏著捨不得穿，總是希望把它放在一個最特別最有紀念意義的日子拿出來穿。但日子一天天過去，每一

第五章　當等待成為拖延，只會奪走你的動力

天都無比平凡，我也就永遠失去了穿它的機會。」蘭芳頓了頓，拉過茉莉的手：「現在我明白了，好的東西永遠也不要去珍藏，不要去等待那虛無縹緲的特別的日子。」

從蘭芳家出來，天已經很晚。茉莉緊緊地抱著這條美麗又昂貴的裙子坐在車裡，腦海中蘭芳傷殘的雙腿和美麗的裙子的畫面交疊，茉莉淚如雨下。

每個人的生活中，那些「重要的日子」、「特別的日子」也許總有一天會出現，而為了那些特別的日子而專門準備的一些東西卻未必可以失而復得。我們總是習慣於等待一個最為合適的時機去進行某些事情，把那些自認為最美麗最珍貴的物和事都細心收藏，然而我們所等待的「明天」真的會來嗎？

我們可能一再地拖延陪伴家人的時間，甚至抽不出工夫來陪著孩子看一場他喜歡的兒童電影。我們也許找出一大堆理由去把它延後，例如「下雨了，天氣好了再去吧」、「今天心情不佳，等情緒調整過來再說吧」、「最近太忙了，有空再陪孩子出去轉吧」。就這樣，我們一拖再拖，那樣「完美」的日子依然沒有到來，而身邊的那個小傢伙已經成長到快要不需要父母陪著一起看電影的年紀了。如果我們錯過了陪著孩子歡笑聊天的那些時光，那將會成為永久的遺憾。

等待中產生的各種不安和辛酸，也會白白消耗我們的精力。不論是事業還是生活，無論是孝敬還是教育，當我們停

滯不前，陷入不安卻又不知所措的時候，我們的不安心又能夠發揮多大的作用呢？

花，該開的時候，自然會開；孩子，該長大的時候，自然會長大；幸福的生活，該來的時候，自然會來。世事是無常的，但行好事，莫問前程。比起消極無謂的等待，不如把時間精力放在最迫切要完成的任務上面，用實際行動讓自己和夢想一步步接近。

所以禪宗公案裡才有「吃茶去」、「吃粥也未」，用平常心對待常人常事，生活才能恰到好處，了了分明。而心思純正，積極面對生活，才會以最實際的努力去靠近最真實的成功。

第五章　當等待成為拖延，只會奪走你的動力

真的沒有問題，還是對問題視而不見

小金是一名暢銷書作家。他有不少令朝九晚五的上班族覺得豔羨的事情，其中一項最讓人羨慕的莫過於他在 23 歲的時候就買下了人生第一套房。反觀我們自己的生活，這些年來自己真的對事業盡心盡力、對生活問心無愧了嗎？還是盡情地在拖延的驅使下找著藉口，為自己的懶惰勾勒出一個又一個理由？

早在上中學的時候，小金就特別愛好文學。平時路過書店報攤，他就喜歡翻閱各種文學雜誌。一天，他在某本雜誌上看到一篇回憶汪曾祺的文章，說汪曾祺「動動手指就來錢」。從那時起，小金的心中就暗暗下決定，以後要成為一名作家。他立志寫作的初衷簡單而樸素：他覺得寫寫就有稿費，可以吃好的，還沒有風吹日曬。於是，小金開始思索寫稿並收集投稿途徑，很快就在報紙上發表了一首詩歌。

大學的時候他選擇了法律系，但是依舊沒有放棄寫作。他大二投給知名報社的幾篇文章，一兩個星期後就發表了，收到了好幾千塊錢的稿費，這對當時的他來說可是一筆巨資。後來，他代表學校的詩社參加比賽，拿了全國特等獎。小金在雜誌發表散文小說，稿費也不少，從此一發不可收

拾。在寫作路上逐漸如魚得水的小金終於過上了他夢寐以求的「動動手指就來錢」的日子。

離大學畢業還有半年，小金提前去了一個心理學刊物求職，一下子就被老闆錄取了。當時他與另外三個人租住在一個狹小的老式樓房裡，每天早上為廁所的使用先後順序而鬧得不可開交。小金白天工作，晚上還要寫作。眾所周知，寫作需要安靜的環境，而室友們過於吵鬧，常常打斷他的思路，後來，他就等室友們睡下後再爬起來繼續寫，從凌晨一點到凌晨四點，是他創作的時間。寫完後，他只經過短暫的小憩就去擠公車上班。

這時的小金覺得自己不能再這麼過下去了，他想要一個安穩又寧靜的寫作環境。於是，他決定買一間屬於自己的房子。他開始儲蓄，從一個對經濟對理財一竅不通的人，漸漸變成一個略有了解的人。從出社會後第二年開始，就每個月按時存錢。雖然開源節流的日子很不容易，然而小金清楚地知道，要想過自己要的生活，就要加倍去為之努力。

工作的時候，別的同事躲在茶水間聊天談八卦，他從來不參與；別的同事玩手機滑臉書，他的手機則被放在抽屜裡一動不動。不是他不敢放鬆，而是他怕稍微一放鬆，任務就會開天窗。他對自己的規定是盡量不把任務留到下班以後，因為下班後還要寫自己的書稿。週末，室友或躺在床上玩一天手機，追一天劇，或出去吃飯聊天。他從不參與，而是一有時間就寫作。

第五章　當等待成為拖延，只會奪走你的動力

努力總會有回報，小金的第一筆書稿稿費在當時是一筆不小的數目。雖然一時的成績讓小金也有「稍微放鬆一下」的想法，但比起暫時的歡愉，這筆稿費的意義更大。小金像一個十足的馬拉松運動員，一旦開始了征程，不到終點就絕不會停下。終於，在小金 23 歲的一天，他擁有了自己的房子。

從前的室友忌妒到紅了眼，開始說酸話擠兌他，甚至猜想他有個富爸爸。那些室友只忌妒小金年紀輕輕就自己買了房，卻偏偏忘了小金沒日沒夜伏案寫作的那些日日夜夜；他們只看見別人的成就，卻對自己的懶散和拖延的問題視而不見。

也許每一天那麼拚命地努力短期內並不會有多大收效，也許你付出的努力只有自己知道。但你透過今天的努力，讓自己距離頂峰又近了一步。

莎莎 22 歲那年大學畢業，隻身來到美國。她經歷了碩士考試失敗和一次刻骨銘心的失戀，彷彿失去了所有的她在夜裡嚎啕大哭。然而第二天，她又以積極的精神面貌投入到一次次應徵當中去了。她知道哭解決不了問題，所有問題的根源只能從自己身上尋找，解決問題也只能依靠自己。

莎莎好不容易找到一份電臺主播的工作。剛做電臺主播的時候，莎莎的工作不太順利，口條也不夠清晰。她一個月只有微薄的收入，在高消費的大城市裡尷尬地生活著。然而莎莎並不滿足於此。英語不夠標準，她每天早起，一邊聽廣播一邊練習發音；說話的語調不夠抑揚頓挫，她就在讀書的

真的沒有問題，還是對問題視而不見

時候注意去體會人物的情感和心境。偶爾也會有感覺失去希望的時候，但是那些支持她的聽眾又給了莎莎奮鬥的動力。

漸漸地，莎莎有了屬於自己的一定數量的粉絲。她跟隨時代潮流，開通了自己的官方社群。無論工作有多麼讓她焦頭爛額，每天她都會在晚上10點之前準時發表自己的文章。時間過得飛快，半年以後，莎莎的追蹤者已經突破百萬了，莎莎獲得了崇拜和欽佩的眼光。有人表面恭維實則含酸地對莎莎說：「妳這麼年輕，身價就這麼高，前途無量啊。」然而他們不知道這個曾經在深夜把頭埋進被窩痛哭的女孩經歷過什麼。

我們之中大多數人的努力程度還遠遠達不到感嘆自己天賦不足的地步。總是有一些人說自己努力也不會有好成績，然而他們所謂的付出真的是盡了全力嗎？當他們在炫耀自己「正在努力」的時候，恰恰就顯示了「還不夠努力」的事實。努力永遠不會背叛任何人，最大的問題常常是：我們懶惰、拖延、還不夠努力。所以，對我們以往所經歷的不順遂的事情，我們不能讓努力「背黑鍋」；需要反省的，永遠是自己的懶惰和藉口。

永遠不要輕易說「我都已經盡力了」、「一切都沒有問題」。即使是你自認為最順風順水的當下，依然還有許多問題存在，只不過你習以為常了。不要為自己的懶惰和拖延找理由，我們最該做的，就是馬上展開行動。

161

第五章　當等待成為拖延，只會奪走你的動力

等待是最混蛋的拖延

在公司擔任高管的讀者們，對面試各個層面的員工想必不陌生。從面試者提供的履歷上看來，很多人有著非常好的素養，有的甚至還是名校的畢業生，因為不懂得去規劃自己的職業，在工作多年後，依然拿著微薄的薪水，為了一份好一點的工作而奔波。有些時候，不去做出任何改變的「順其自然」是一種愚蠢。

一個某知名學府的電子科系的碩士生，到某公司應徵公關企劃部部長。那個年輕人長得不錯，將近180公分的身高，個性陽光，內涵也很好。他自研究所畢業後去了一家稍微有點規模的IT企業。因為他對於軟體的了解十分有限，於是從事管理工作。後來雖然做到了總經理助理一職，但由於發展受到了一定的局限，薪資始終差強人意。在他應徵的過程中，面試官了解到此人應徵的原因是這個職位給的薪水還可以，而不是因為他喜歡這樣的工作，後來拒絕了他。

在今天的市場環境中，類似的例子還有很多。這樣的人大多都有一個共性，那就是最初的時候不知道自己應該在哪個領域開始自己的職業生涯，幾年過去了，稀里糊塗地換了

幾家公司，回過頭來才發現，自己只是累積了不同行業、不同職能方向的一些教訓而已。令人難以預料的是，越是聰明的人，越容易產生這樣的問題。聰明人更有尋找捷徑的敏感度，並且容易有更多機會嘗試不同的工作，結果卻往往是「蜻蜓點水」。對於頻繁跳槽的人來說，多種多樣的工作經驗並沒有給自己帶來沉甸甸的收穫，反而造成了這個人蹉跎時光、缺乏核心競爭力的局面，白白浪費了他們的聰明才智。

和此相對應的是另外的例子。有些人起點並不高，既非名校也不是什麼炙手可熱的科系，甚至這裡面還有專科和高職學歷的人，是因為他們的正確的職業發展之路，幾年之後他們在職場上的價值超過了很多當初起點比他們高的人。李女士是某公司的財務總監。但在十多年的財務生涯中，從出納、會計、主管會計到財務經理，她一步一個腳印走得很踏實。不少當年跟她一同進入公司的大學生、碩士生還沒有取得這樣的成績。雖然這些人缺乏學歷上的優勢，他們卻能夠做到在一個領域裡辛勤耕耘而成為這個領域的菁英之士，從而能夠獲得和他們價值相匹配的薪酬。

不少年輕人對於未來的規劃是比較迷茫的。有些人經過了千軍萬馬的挑戰，進入了政府機關，但由於他們在職位上長期沒有太大發展，於是萌生了轉行的念頭。然而他們跳槽的心卻並不是那樣的堅定，他們既不願意放棄眼前安逸輕鬆

第五章　當等待成為拖延，只會奪走你的動力

的環境，又對外面迅速發展的世界心生膽怯。這樣的矛盾心態讓他們進退維谷，在日復一日的迷茫中慢慢耗費青春。

事實上，許多的年輕人在初入職場的三五年是迷茫而無措的。他們剛從學校出來，習慣了人云亦云的「隨波逐流」的生活，並不知道如何有針對性地規劃自己的未來。因此，他們之中的不少人自工作之日起就怨天尤人，他們既不滿足於眼前的「委曲求全」，又不願意為了將來做出較大的努力和改變。甚至有年近而立的人依舊對未來感到疑惑和不安，而且這種疑惑很有可能要持續下去。明知道目前的境況得不到和付出相匹配的回報，明知道維持現狀的每一天都是在損失，明知道結局的等待是一種愚蠢行為。

很多人都贊同這樣一個觀點：「人一生當中最大的幸福在於選擇對兩件事。一是找對職業，選對上司；二是找對人生當中的另一半。」為什麼這樣說？每天早上太陽升起，我們要與上司共同打拚我們的事業；每天夕陽西下，我們會跟愛人相擁。因此，從某種意義上來說，選擇比努力更重要。即使不少人認同，現實當中我們依然會草草決定自己的人生。最奇怪的莫過於一個人在影響自己前途命運的工作的選擇問題上所花費的時間精力，居然要比在店裡選購一件衣服所耗費的精力要少得多。自己未來的幸福明明那麼重要，人們願意「投資」的精力卻少之又少。沒有人會故意做出讓自己未來

等待是最混蛋的拖延

後悔的決定，除非是他們並不懂得如何做出選擇。也許剛出校門，一時之間還無法確定自己的興趣點，想要透過換幾份工作來慢慢摸清楚自己的選擇。然而很多年過去了，有些人依然一頭霧水。我們不能為了跳槽而跳槽，不知道行動意義的行動，只不過是折騰自己。

有個耐人尋味的笑話可以供在未來選擇面前迷茫的朋友們參考：

一個酩酊大醉的男人在路燈下搖搖晃晃地來回踱步，像是急著找尋什麼東西。一個好心的路人走過來詢問，醉漢大叫著說鑰匙不見了。於是路人蹲下來幫他一起找。過了好一會兒，兩人仍舊一無所獲。路人擦擦頭上的汗：「您確定是在這附近弄丟鑰匙的？」醉漢沒有答話，向不遠的暗處一指。路人驚問：「那您為什麼不在那邊找呢？」醉漢反而怒氣沖沖：「沒看到這裡比較亮嘛？」

許多人在一開始選擇了不那麼令人滿意的工作解決生計問題，逐漸忘記了真正能夠開啟他們職業大門的方向。在面對未來職業的選擇上，我們沒有必要人云亦云。做出什麼樣的抉擇，是一件冷暖自知的事情。我們判斷目前的職位該不該繼續走下去，相當程度上是看這份工作給你帶來的生活方式是否適合你，對你將來是否有所裨益。如果適合度較高，即使這份工作的收入暫時不那麼令人滿意，你也會義無反顧

第五章　當等待成為拖延，只會奪走你的動力

地走下去，因為這份工作讓你更快樂。相反地，做不適合自己價值觀的工作，無論薪水如何，痛苦總是大於樂趣。這就是為什麼網路上會有一些高薪者自述的「血淚史」，高薪可能讓他們失去天倫之樂或是健康的體魄。因此我們說，得到自己最想要的，失去一些相對而言不很重要的，能夠達到內心平衡的選擇就是良好的選擇。

職業發展首先要考慮的是地域問題。在這個問題上，不能單純地以「天高任鳥飛」或者「固守一隅」來作為發展方向的標竿。何況在勞動資源流動越來越常態化的今天，一生在多個城市發展也不是什麼新鮮事。然而相比較而言，較大的城市有更好的平臺、更多的鍛鍊機會、更寬廣的發展路徑等，一開始選擇在較發達的地方學習是個明智的選擇。地域的區別甚至可能會成為限制一個人未來職業的發展瓶頸，例如得不到必要的培訓、思維方式落後、事業發展的路徑無法拓展等。等到以後成為比較成熟的職業人士，回到家鄉利用人際資源的優勢讓事業更上一層樓，或者乾脆進行投資，都是不錯的方式。

未來打算停留在哪個職業上，也跟將來的發展息息相關。某公司一位副總裁談到自己收到的 30 歲到 35 歲這一年齡層的履歷中，僅僅是「相關行業六年以上經驗」這一點就能讓應徵者在眾多競爭人員面前脫穎而出。任何一個行業的流

程和慣例、發展動態和趨勢、各個層面的知識和細節、人脈資源的累積等,都需要一定時間來沉澱。如果長期在不同行業之間跳來跳去,你的個人價值將會大打折扣。因此,要盡可能在一個行業裡面摸爬滾打,保證自身在這個行業當中不斷升值。只有到某一天,你對某個行業有不俗的成績和透澈的見解,你的收入才能和別人不同。

有一位成功人士曾經如是說:「如果你只給我5分鐘,讓我出個主意幫助你在職業上獲得更大的成功,我的建議是,盡快確定你的職業目標,制定並堅決實施計畫,然後保持每天依照計畫行事。」這個看似簡單的方法已經讓不少人從中獲益。明確的目標對於成功是多麼重要,而明知道結局的等待只是一種愚蠢行為。

第五章　當等待成為拖延，只會奪走你的動力

想一想，假如你只有一次機會

　　為了克服拖延症，單單憑藉制定出一份完美的計畫就想取得重大收效，這並不可行。計劃和執行兩個環節是緊緊相連的，然而不少人在執行環節出現了紕漏。這就是為什麼不少人能夠能做出很漂亮的計畫，卻無法完美地執行。然而，如果我們完成工作的機會只有一次，我們是否會更加珍惜可以行動的時刻呢？

　　大學校園裡對這樣的現象已經見怪不怪了：每當期末臨近，學生們在平日裡欠下的「債」一股腦地襲來。期末之前由於拖延所導致的種種惡果，如滾雪球般變大。備考的學生發現，以前所學早已忘記，複習的時候像是在學習一門新的科目，時間、精力的損失需要更多的付出來填補。隨著菁英教育體系的逐漸深入發展，允許學生們在求學生涯上「犯錯」的機會也越來越少，錯了便只能加倍彌補。這就是為什麼貪玩叛逆的國中生很容易錯過升入好高中的機會，從而為他們考取好大學又增加了難度。當這些年輕人走出校園，發現求學生涯的一些缺失需要付出巨大的代價，他們立刻後悔不已。也許只因一堂蹺掉的課，就讓一個人在很長時間內缺失了某

一部分知識的累積;或許只因在實習過程中一個環節的疏忽,就可能造成同事的不信任。我們在關鍵的學習時期造成的疏漏,需要多於 10 倍的努力來彌補 —— 這就是成長的代價。

我們強調機會不可複製、錯過無法重來的重要性,不是在危言聳聽,更不是畏首畏尾的表現,而是透過強調行動的重要性,請大家端正自己的態度,進而修正錯誤,並保證以後不再犯錯。機會也許只有一次,錯過了就是永遠失去。只有從根本態度上重視行動,才能提高工作的效率。先正因再正果,否則在無限的猶豫拖延中,一切將悔之晚矣。

美國經濟學家曾在論述中提及,世界上 70% 的窮人,明知某事有益而不願為之。從實證的結果來看,倘若窮人能有營養均衡的三餐,很快就能擺脫貧困陷阱。但事實是,這些人越是窮,越愛垃圾食品。論及對此現象的解釋,許多人第一反應是窮人們自身知識的缺乏。然而事實上,政府的宣傳鋪天蓋地,甚至出了很多關於烹調的健康食譜,但最終收效甚微。對於這種「道理都懂,但就是做不到」的現象,有一種說法,叫做計劃和行動的「時間不一致」。

所謂「時間不一致」,大意就是面對一項任務,任務完成的進度不同,人們對行為的影響和直接感受是相異的。在週休二日到來時,很多學生都會聽到這樣的話語:「今晚放鬆一下,明天苦讀一天。」這是有拖延症的人最常掛在嘴邊的藉口。而且事實上,我們很少有人能做到「今天苦讀一天,明

第五章　當等待成為拖延，只會奪走你的動力

晚放鬆一下」。這一情況背後的原因就是「時間不一致」。

站在目前這個時間點的角度，人對「今天苦讀一天」，和「明天苦讀一天」的感覺不同。雖然這時的你腦海中預設的是「明天我要在圖書館裡坐一天」，而當你在進行這一預設的時候，你完全做不到準確「預知」這件事將帶來的痛苦。而如果立刻就開始讀書，那種痛苦的感受是清晰明瞭的。「明天開始拚命讀書」和「現在立即拚命讀書」，我們在腦海中總認為前者更容易實現。「時間不一致」的情形越是根深蒂固出現在某人的行為模式中，他的自控能力就越差，拖延症越強。這就是為什麼，對於自控能力差的人來說，即使他們能做出很漂亮的計畫，卻也不能漂亮地執行計畫。

遺憾的是，漂亮地執行計畫又是必須的。如果我們願意留心那些成功人士，會發現他們的思想程度和思考方式可能千差萬別，但制定計畫與執行的能力是一流的。所謂計劃與執行力，就是在可控範圍內減輕自己的「時間不一致」。隨著一步步把計畫付諸實施，我們就需要「回饋」這個環節了。當你的計畫和執行之間產生誤差，這背後則是「時間不一致」在作祟。僅僅意識到自己沒有執行好計畫是不夠的，關鍵是有多少沒執行好？完成了多少部分？剩下的未完成部分造成了什麼後果？我們可以嘗試把「時間不一致」的結果量化，在精確地把控自己拖延情況的前提下反思自己。

此外，還有一種解決辦法：當自己確實知道自制能力不行的時候，少做大方向規劃，少找人生目標。原因很簡單，當你實踐不足的時候，你連做決策所需的基本資訊都沒有，怎麼會不動搖不困惑？動搖了困惑了，又怎麼會有足夠的動力？國內的大學生，大多數都會在初入大學時陷入一個迷茫期。因為經過「千軍萬馬過獨木橋」後，學生們的壓力一下子減少很多，而對前途又沒有明確的規劃，於是許多大學生甚至荒廢了四年時光。在自己還沒有確定將來是要出國、就業還是升學的情況下，不如著眼於當下，把課程基礎打得扎扎實實。只有基礎打好了，將來內心有所選擇的時候，才會有更多的籌碼去進行下一步的行動。

初步想法確定了，後續的行動就一定要跟上。很多事情現在想清楚，是為了以後不浪費時間反覆思量。連一個專案都沒從頭到尾一環不落地執行過的人，怎能先入為主地去評判自己不喜歡這個行業、那個行業？在團隊中也是如此，自己有了好的執行力，才有所謂協商、合作、領導和創新。好的團隊合作，並非意味著每個人的最佳化，而是以每個人為核心的團隊整體實現最佳化。但你要是自己優化自己都達不到，就會連參與合作的資格都沒有。知道自己如何開始最好的行動之後，再考慮如何協商，如何讓步，如何驅使他人更好地行動，才構成合作，才算真正進入社會。

第五章　當等待成為拖延，只會奪走你的動力

在這之前，如何把自己手頭的任務完成得最好，關注眼前的任務並將其做到極致，才是最重要的問題。我們進入社會之後，試錯的機會便極其有限且越來越少。在機會有限的情形下，我們更加需要珍惜時光，及時行動。

從等待到行動，你需要走的三步

要把一個拖延症患者成功地「改造」成為一個行動力強的人，方法出乎意料的簡單。你只需要大膽跨出三步：行動、記錄、總結。

大道至簡，最能讓人迅速提高的技巧其實最簡單。一個人有必須要完成的目標、不懈地堅持以及始終不偏離自己的路線這三條就足夠了。

對很多程式設計師來說，從開始工作前半年到工作滿一年，成長進步提高的速度最快。之後再過一年半到兩年，肯努力的程式設計師就能夠進階為有相當經驗的技術經理。不少程式設計師到了這個階段就停下了成長的腳步，若不是在特殊的動力之下，很難有進一步的發展。程式設計師們剛進公司的時候，能力、素養都相差無幾，然而，之後的一系列進展拉開了他們的差距。

例如：同樣是具備四五年經驗的程式設計師，有些人依照固有的經驗重複了5年，而有些人卻在每天的工作中不斷記錄、總結、提高，假以時日，他們的結果就會變得非常不一樣。

第五章　當等待成為拖延，只會奪走你的動力

　　至於那些作為成功人士所需要的其他素養，如樂觀、敏銳度、觀察能力、交際能力等，只要把這三步堅持下去，這些都會有所增強，最終能把自己打造成什麼樣的人就因人而異了。每個人的側重點不一樣，投入的時間比例不一樣，隨著人的成長成熟，結果也會不一樣。

　　這三步缺一不可，總結的前提是詳細地記錄，堅持長時間地定期總結能讓你明白自己的不足，並不斷改正自己的缺點；而改正缺點就逼迫你去大量閱讀和學習別人的優點，而你學到的優點就直接反映到你的行動上。

　　我們都知道「福不唐捐」。每天為自己的工作設定工時，並且記錄起止時間。完成任何一個小小的工作目標，都要給自己的下一個任務再設定一個完成的時間。在工作未完成時期，任何一個小小的休息活動，比如說看報、上網、出去散心等，都要做詳細紀錄。包括這份小結本身，也記錄下起止時間。有了這樣一個鍛鍊過程，相信每個人都會增強對時間的把控能力，並且對自己的能力也會有更加充分的了解。

　　每天臨睡前，都對自己一天的行為做這樣的統計。計算時間花在什麼地方了，花了多少。要分別記錄下用於進行重要事務的「純時間」以及大致用於工作的「毛時間」。「純時間」是指僅僅用來工作，沒有從事任何其他活動的時間；「毛時間」是指用在某項工作的所有時間，包括工作過程中的心

不在焉和休息時間。像年終總結一樣,我們自然可以也畫出一個詳細的圖表出來。從不同的角度分析,我們都能得到令人耳目一新的結果。

甚至,每週或每月的結束,我們可以把用於每項活動的時間分門別類統計出來。這個月用在工作上的時間有多少?用在交友娛樂的時間有多少?又花費了多少時間讀書看報?這樣的統計不僅有助於我們節省時間,還有助於我們提升生活品質。

「每天一小結,每月一大結,年終一總結。」除了大小數據的統計,別忘了橫向縱向的比較分析。我們可以看到,讓我們的工作效率不如別人的「罪魁禍首」在哪裡,興趣愛好占用了我們多少時間,我們比起生活得更好的人的差距在哪裡等等。到每一年的「收官之時」,「年終總結」也不能少,按總類、分類、詳表的模式,統計這一年,再次進行分析、比較和研究。經過一年來的努力,自己的工作效率是否有提高?最大的進步在什麼方面?還不盡如人意的是什麼?總結出自己的工作能力,找到適合自己的精力安排方式。

對於時間的計畫同樣必不可少。有月計畫,年計畫,五年計畫。月計畫先是透過時間統計法,了解到自己每天、每月能用於工作的時間有多少,以此為標準容器。透過時間統計法,還了解到自己做每樣工作需要消耗的時間,於是以這

第五章　當等待成為拖延，只會奪走你的動力

兩個標準，安排工作和活動。

我們的每一天都是由「必須活動」和「非必須活動」構成的。睡覺、吃飯這類事自然屬於「必須活動」，辦公、學術工作、娛樂等屬「非必須活動」，在一天當中約占 12～13 小時。根據自己身體的節律、精神狀態去安排工作、活動，進行計劃安排。總結和計劃並不會占去許多時間，然而卻能讓我們每個月的三百多個小時發揮出它最好的狀態。

計劃就是挑時間，規定節律，使一切各得其所。做任何事情所耗費的時間，應該和從事的工作相稱。這裡的「相稱」是指事務的重要程度、緊急程度、複雜程度是否和耗費的時間相稱。例如需要高深學識的工作，一天至多做七八小時。竭力完成所有規定的工作量，這是最節省時間的法則。

從等待到行動只需要簡單「三步走」，看似簡易卻也大有文章。無論方法有多好，扎扎實實地去實行才能讓今後的路更加暢通無阻。

Just do it，拆除「行動高牆」

　　Just do it 是 NIKE 品牌的一句廣告語。想要讓拖延症患者拆除「行動高牆」，方法是如此簡單：除了做眼前的工作以外，不要考慮其他任何事情。如果覺得有必要，在工作的時候斷開網路連線，把手機保持靜音狀態或是拒接來電。在開始進入工作狀態之前去趟廁所，處理完一切需要離席完成的事件。工作期間根本不要離開椅子，也不要和人說話。

　　我們既然在進行業下的工作，就不要分心去想其他的事情。如果我們正在忙於寫文案，那麼當前的文案就是我們最為重要的事情，其他一切事情都是在浪費時間。如果我們在專心回覆一封工作郵件，那麼除了這封工作郵件以外的事情都不要去考慮。如果需要休息，就徹底休息。假如你覺得自己精力已經達到了一個小極限，或是稍稍有點體力不支，那就不要邊工作邊休息。當你休息的時候，閉眼，做深呼吸，聽一些輕鬆的音樂或者出去走走，小睡 20 分鐘，或者吃點水果。在這期間瀏覽網頁也許就不是個明智的選擇，因為它同樣會耗費你的精力。就這樣，一直休息到你覺得又可以努力工作。需要休息就休息，應當工作就工作。要是不能 100%

第五章　當等待成為拖延，只會奪走你的動力

地集中精神，乾脆不工作。想休息多久就休息多久是沒錯的，只是別讓休息時間占用了工作時間。

創意總監山姆被同事們稱為「急才型選手」。每次主管要求提案之時，他總是那個把工作集中在最後時刻完成的人。而且越是時間急迫，他的創意和想法就越多。當然這樣的習慣也有害苦他的時候，當他的確完不成任務的時候，就會找出許多理由來搪塞。這樣的情形在職場當中屢見不鮮。

克萊門特‧史東建立了價值數億美元的保險業帝國，他的公司規定，所有的雇員每天開始工作前都要重複背誦這句話：「現在開始！」我們也完全可以把這句話當成座右銘。一旦發覺自己懶得行動卻又想起必須要做的事情，不妨大聲對自己說：「現在開始！現在開始！現在開始！」拖拖拉拉的代價巨大。你可能以為在工作模式和休息模式中來回轉換可以讓大腦得到休息，卻不知道這樣做是不明智的。你一次次從休息模式回到工作中，每一次將自己的工作狀態調整到最佳的工作狀態，都無疑是對時間的浪費。思考和計劃固然重要，但行動更重要。然而思考和計劃不會讓你得到報酬，只有工作成果才能。所以，在你不確定事情的結果將會怎樣的時候，大膽行動吧，你一定會看到成功。

想要「拆除行動高牆」，養成果斷決定的習慣是絕對必要的。一位時間管理專家提出：每做一個決定都要使用「六十

Just do it，拆除「行動高牆」

秒原則」，不管它多麼重要。即使完全沒有頭緒，憑藉經驗和直覺也要讓自己早些進入到行動狀態裡。拿大學生舉例，與其去擔心作業何時上交、什麼時候才能完成，不如立刻拿起來開始做。如果下週一必須要上交一份報告，就馬上挑一個主題開始寫。很多時候，「無從下筆」只是思維處於懶惰狀態的表現而已。只要大腦和手都不停下來，每個人都可以才思如泉湧。

人們經常遲遲不做決定，而拖延也沒什麼好處。延後做決定的腳步只會導致消極的後果。所以就算你非常困惑，咬咬牙下定決心吧。雖然我們說要堅持「六十秒原則」，然而許多人甚至連決定午飯吃點什麼都要花費超過六十秒。如果你無法決定吃什麼，就可以抓起一顆蘋果或香蕉開始吃。在你想到要吃什麼之前，水果可能就已經填飽了你的肚子。如果你能時時處處加快做決定的時間，那麼你也就能有更充裕的時間去完成計畫。

研究顯示，世界上最優秀的管理者對猶豫不決都有著極高的抵制力。也就是說，他們在面對偏愛或者矛盾狀況的時候會大膽決斷。許多當今的工業家都加快了做決定的速度，因為等到準備充足了也許機會也錯過了。當你無路可退的時候，你只能依靠自己的經驗和直覺，盡可能快速地做出決定。如果不能馬上決定，就先放到一旁，抽個時間考慮再做

第五章　當等待成為拖延，只會奪走你的動力

決定。大把的時間應該被花在行動上，而不是做決定上。優柔寡斷只會造成嚴重的時間浪費，最好不要違反「六十秒原則」。做一個堅決而直接的決定，將不確定轉變為確定，然後行動。出現錯誤就讓事實告訴你，這樣你就會累積足夠的經驗，從而做出正確而睿智的決定。

放棄一切浪費時間的事情，把它們通通扔進垃圾筒。遵循「如果懷疑，不如放棄」的準則。我們可以拿生活中的一個小事例來說：不要訂閱那些沒用的雜誌。如果兩個月前的雜誌你至今還沒有讀過，扔掉它，它可能不值得一讀。要明白任何花時間去做的事情都是有價值的。在註冊新的服務或者訂閱之前，問問自己那會占用你多少時間，做每一件事情都有它的機會成本。試問自己：「它值得我為它做出犧牲嗎？如果值得，我的底限在哪裡？」遇事前多問一問自己這類問題，我們可以減少大量不必要的時間浪費。

如果你在做事情之前就摻入了大量「瞻前顧後」的考慮，丟掉它們吧，這些是毫無意義的思考。有很多人用「做事要有始有終」這個信條來限制自己。他們花費了大量的時間去爬一架梯子，但當他們到達梯子頂端的時候才發現，原來梯子搭錯了，之前所做的都白費了。所以，當你發現以前所做的決定不能為你現在的目標服務時，請大膽並無情地拋棄以前的決定吧，然後去尋找更好的想法。

第六章

不拖延，
是生活幸福的首要標準

第六章　不拖延，是生活幸福的首要標準

不行動，幸運永遠輪不到你

人們常說：越努力越幸運。那些所謂運氣不佳的人，實際是在生活中少了一些對事業的熱情，對生活也缺乏一點熱愛的人。一個人終其一生，如果可以找到讓自己努力不停歇的舞臺，無疑會點亮整個生命。將全部的專注和熱情投注在能夠讓自己專注思考、研究、展現的東西上，能夠獲得想要的回饋，那份付出也是心甘情願的，這樣的生活不正是最大的幸運嗎？

有一位老演員，在劇場耕耘了將近20個年頭。當談到自己的工作，老演員總是神采奕奕。他在接受記者們的採訪時，常常會說自己永遠不會在舞臺上退休，劇場的舞臺就是他的人生的舞臺。他甚至還說，希望自己一生在舞臺上，直到80歲還能有體力演一齣戲，哪怕最終死在舞臺上。一個人能把所有的熱情如此投入在自己的事業上，他無疑是世界上最幸運的人。

老演員認為，自己在舞臺上能夠做「常青樹」的根本原因是他在平日的生活中認真細緻地觀察人生百態，對周遭的變化保持敏感，對人間的真善美永遠心懷熱忱地對待。當他用擁有的一切去響應世界的回音，整個世界都在他的面前變得豐富多彩起來。

如果我們對工作充滿積極的行動力和熱情,這份熱情會讓我們越來越幸運,帶領我們順利走向成功。

拍攝了《星際大戰》和《印第安納瓊斯》系列電影的美國知名導演喬治‧盧卡斯就有如是說法:「你必須找到一件自己夠喜愛並能夠為它冒險的事,然後翻越擋在你面前的障礙、擊破擋在你眼前的磚塊。如果你對正在做的事沒有那種感覺,你會在第一個大障礙面前就停下來。」簡而言之,當我們排除一切艱險開始實施我們的計畫,我們心中的熱情會燃燒出動力,為理想加溫,讓勇氣膨脹,全世界的障礙都會為你讓路。唯有行動,幫助我們超越障礙、擊破困難。

黑格爾曾說:「想要成功,首先要燃起自己心中的熱情。」若是一個人沒有熱情,就會缺乏行動的力量。托爾斯泰則有這樣的言論:「如果你為了贏得報酬而承受痛苦,再從中學習,你會覺得工作很困難;但如果你熱愛自己的工作,你自然就會從中贏得自己的報酬。」因此,若是想成為一名過著快樂人生的成功人士,我們必須要發自心底產生行動的欲望,否則也不會取得很大的成功。

但凡這世界上被稱作幸運的人,都是熱愛工作和生活,充分享受依靠自己慢慢實現理想的每一分每一秒。古人云:「水滴石穿,繩鋸木斷。」即使是不起眼的小小水滴,只要能夠持續不斷地滴落在岩石上,總會有一天可以成功地將岩石

第六章　不拖延，是生活幸福的首要標準

滴出一個洞來。持續不斷的熱情和努力，是一股讓人無法忽視的力量。

在影星湯姆‧克魯斯取得重大成就的背後，是他堅韌不拔、刻苦鑽研的精神。他對自己演技的打磨一向不遺餘力。他曾說：「我熱愛我的工作，為它感到自豪。任何事我不會只做一半或只做四分之三、十分之九。如果我要做一件事，一定會做到底。」能夠如此全力以赴完成心中夢想的人，才會在演藝的道路中被「幸運女神」眷顧，不斷取得非凡的成就。

簡而言之，一個人對工作的專注和熱情度，關係著他的努力的持續性。大致上說來，如果一個人對自己的工作內容有較大的興趣且樂此不疲，那麼，工作的時間以及上下班的早晚，對這個人而言都不是非常重要的事情。如果不把手邊的工作完成到某個程度，他們就不會甘心情願地停下來。

英國詩人布朗寧有這樣一句格言：「你的目標必須超過你的能耐。」當我們把夢想和目標定位在稍稍超出我們努力極限的位置，我們就更加可能願意為了夢想再多撐一步，進而達到我們曾經認為無法實現的目標。

日劇《祕密花園》裡面，有這樣一個情節：一家漫畫雜誌的總編指派一個初出茅廬的小編去向漫畫大師邀稿。小編回覆說，漫畫大師手頭的約稿數量太多，以至於分身乏術。總編輯說了這樣一番話：「一趟看似擠滿人的電車，你本來以

為已經搭不上了,如果你放棄,車門就關了;但是,如果你試著去擠擠看,說不定就可能成為最後一個擠上車的人。所以,奇蹟是會發生的。」這名小編受到了總編輯的啟發,她開始重新努力去嘗試完成那個看似不可能的任務。最終,皇天不負有心人,在小編鍥而不捨地努力下,終於得到了本以為不可能得到的漫畫大師的約稿。

在我們的實際生活中,恐怕也有不少時候,因為認為眼前的障礙無法跨越而在難題面前卻步。而那些勇於積極行動的人,或許已經在慶祝收穫勝利的果實了。我們要相信自己擁有實現夢想的實力,既然開始行動就全力以赴、堅持到底。這樣我們就能超越所有障礙的桎梏,變得越來越幸運。扭轉命運的重要法則,就是用信念激發起熱情,用熱情燃燒出動力。

有一位知名企業家說:「對於那些無法真正對自己的工作感到興奮的人,我覺得很惋惜。他們不但永遠得不到滿足,也永遠無法有任何大成就。」對「付出就有回報」持懷疑態度的人們,不妨為自己的工作多投入一點熱情,或是重新選擇一個能夠激發自我的環境。正所謂「福至心靈」,能量是相互灌注的,面對工作越是能積極全心地投注熱情,越是能夠從中獲得幸運和快樂,收穫最佳的成果。

第六章　不拖延，是生活幸福的首要標準

越拖延，越頹廢

初入職場的年輕人身上往往有一股逼人的朝氣，他們做什麼事都很有幹勁，然而在一些職場老人看來，這些朝氣只能保持三分鐘熱度。「等你在職場混得久了，你就不會這麼有激情了」，職場老人這樣告誡年輕人。而等到年輕人逐漸變成了職場老人，他們大多數人發現，這些老人說的話真的很對。

有篇網路文章中有這樣一段話：我們由於聰明所以變得狡猾，由於狡猾而缺乏勇氣，由於缺乏勇氣而變得猥瑣。好笑的是我們現在並沒有淪落到猥瑣的階段，只不過是從一個腳踏實地的大學生慢慢地變得狡猾，而又從狡猾開始慢慢地學會了拖延，逐漸地開始向沒有熱情和頹廢過渡。

很多人常常說「歲月是把殺豬刀」，有時候大衛也會感嘆幾句。大衛大學畢業後就投身到廣告業，現在的他作為公司設計這一塊的負責人，對自己這十幾年的變化感慨頗多。

對於當年剛剛畢業的大衛來說，找到了一份心儀的工作，自然是無比的意氣風發，他相信自己能夠在公司裡大展拳腳。進入公司，當看到自己親手做的設計被主管採用的時候，大衛內心充滿了激動和驕傲。此後的一段時間裡，無論

越拖延，越頹廢

大衛接到什麼樣的工作，他都會在第一時間內去完成，即便影響休息、娛樂也在所不惜。然而現在，一切都不一樣了，剛畢業的那股朝氣早不見了，現在，即便是最緊迫的案子，他也是能往後拖就往後拖。

大衛常在想，自己剛到公司時的那股朝氣都去哪了呢？前幾天的朋友聚會，大衛對同學發了一頓牢騷：「我現在的事業可以說是一帆風順，但是總感覺不到以前我們在學校時候的那股熱忱。你說我們上大學的時候，是多麼的意氣風發，聖誕節的時候，擺個地攤，賣個蘋果，雖然都不知道是賣的多還是吃的多，但是那時候的感覺非常好。」

「是啊，我們現在的工作狀態和剛出社會時的狀態差別實在是太大了。」

「剛開始的時候，總想著用自己的熱情去改變整個世界，沒想到工作幾年，就被這個世界給改變了。」

「現在我對待工作，急的工作就做做，不著急的能拖就拖，反正在最後一定會找到解決辦法的，慢慢地，人都變得越來越頹廢了。」同學們也紛紛發表同感。

其實，像大衛這樣的感觸我們很多人都有。隨著年齡的增長，無論是對生活還是工作，我們都漸漸失去了熱情，沒有了繼續打拚的動力。做事的時候拖拖拉拉，思考問題的時候懶懶散散，這樣的狀態長期維持下去，人就變得越來越頹廢了。

第六章　不拖延，是生活幸福的首要標準

面對這樣的狀況，有的時候大家會感覺很難過，看看自己的懶散，再看看剛剛進入公司年輕人的朝氣，更是感覺自己已經跟不上時代了。因此不禁要問，以前那麼陽光，那麼有朝氣的自己到哪裡去了呢？

是啊，人的朝氣去哪裡了呢？答案就是被拖延給磨光了。少年時、青年時，我們面對的是緊張的學業，是師長的督促，是同代人的競爭，在這種情況下，每個人爭分奪秒，一刻鐘當兩刻鐘來用。但是當畢業之後工作久了，人的緊迫感也就慢慢消失了，拖延開始變成我們生活中的常態，於是朝氣就這樣一點一滴地喪失了。

緊迫感的喪失帶來拖延，而拖延久了就演變成拖延症，一個得了拖延症的人，他對於生活的態度便成了能拖一刻是一刻，只求這一刻無事輕鬆，哪管下一刻火燒眉毛。然而，下一刻終究還是會到來的。就在這不斷的火燒眉毛當中，他的人生開始一次次地失敗，而因為失敗，他便更加懶散，對待生活更加拖延，最終形成了一個惡性循環，而這個惡性循環的最終結果就是他的內心徹底崩潰，整個人陷入了一種頹廢的狀態當中。

頹廢是一種怎樣的狀態呢？就是對所有事情都感覺混混噩噩，沒有想要參與的興趣，總是認為「什麼事也不用著急」，對於自己的工作，總是拖到最後一刻才慢慢悠悠地去

越拖延，越頹廢

做，對於自己絲毫沒有什麼控制的能力，當然也不會採取任何的措施來自我控制。

處在頹廢中的上班族往往會被同事笑為「更年期症候群」，而處於頹廢中的人生，則是一個徹頭徹尾沒有意義的人生。在這樣的人生當中，逃避困難、不肯面對挑戰、被動地安於現狀成了生活的主題，放棄、躲避、「當一天和尚敲一天鐘」成了生活的選擇。這樣的生活，難道是我們想要的嗎？

相信任誰也不希望自己的人生毫無意義，任誰也不想讓自己看起來像是混吃等死的蛀蟲，那麼就趕快站起來擺脫掉拖延症吧！其實，走出由拖延和頹廢圍成的惡性循環並沒有想像得那麼難，只要從此時此刻做起，正視你面前的事，改變一貫拖拖拉拉的作風，乾淨俐落地去完成應該準時完成的工作，長此以往，你便可以給自己一個驚喜。

須知，走出頹廢的唯一方法就是做事不拖延，痛快地解決問題，麻利地處理問題，告別混混沌沌的生活狀態，你便可以找回那個充滿朝氣的自己。

第六章　不拖延，是生活幸福的首要標準

拒絕拖延，拒絕宅

廖女士家開了一個淨水器店，她一個人忙起來十分吃力，於是想要招一名女業務員。其工作內容說起來也不是很煩瑣，大多數時候留在店裡招待一下客戶，整理打掃一下店面，只有到店面準備舉行一些活動的時候，才會比較忙。廖女士給出的底薪和提成都不錯，管理也並不嚴苛。然而將近一年的時間過去了，卻連一個能夠長期留在店裡的業務員也沒有。期間不停地有女孩過來，然而做的時間不長就打了退堂鼓。而廖女士的另一位朋友是個工廠的小主管，負責工廠的應徵。工人工作時間長不說，忙起來還要上夜班，薪資也比廖女士給出的低了不少，可是很少有工人辭職。這讓廖女士百思不得其解。

工廠的朋友一語道破天機：「你們這個行業需要不斷與人打交道，不斷學習新事物，還要學會一點銷售技巧。而我們這邊不需要很多腦力和能力，即使是個故步自封的人，也很快就可以上手。他們寧願薪資低點，也願意選擇穩定、機械的工作。」

然而，社會上哪個人不需要每天和人打交道？誰可以長期宅在家裡不與人接觸？世界上沒有一份工作能夠錢多、事少、離家近，想要取得成績，就必須努力出門去打拚。因此

拒絕拖延，拒絕宅

人們說：「阿宅」不一定是魯蛇，但魯蛇大部分是「阿宅」。魯蛇，就是英語裡「失敗者」的意思。「不經一番寒徹骨，哪得梅花撲鼻香？」誠然，有一些在外人眼裡看來相對安穩的工作，比如人們常說教師工作清閒，沒有風吹日晒，但他們沒有看到老師們領著學生早晚學習的辛苦。人們說當老闆瀟灑自在，然而他們創業打拚時的苦累很少有人能體會。人們羨慕業務人員出入高消費場所，生活光鮮亮麗，然而他們四處奔波、屢屢碰壁的過往也充滿著艱辛。

「阿宅」確實也可以有自己的一席之地。如果你是個櫃檯，工作又比較悠閒，跟人的交流僅限於偶爾接接電話，那麼你可能就只能拿到跟你的付出相匹配的薪水。如果不甘心，想要有所突破，那就必須走出你所謂的「舒適圈」，設下讓自己不那麼「舒服」的目標，並且不斷堅持下去。

強強和阿南在大學時代都是胖子，兩個男生都長得魁梧壯實，在班級裡面十分顯眼。大學畢業之前，有同學看到阿南把社群網站上的簽名改成了「再也不當肥宅，要麼瘦，要麼死」，同學們還把這句話當成玩笑，等著阿南像他此前的無數次嘗試一樣，在減肥的道路上再跌一個大跟頭。

大學畢業後的第三年，那些留在市區的同學商量著舉行一次小型的同學會。昔日的老同學紛紛到場。強強還是魁梧的肥胖的身材，笑呵呵地跟大家打招呼。而人群中竟然多了一位高高瘦瘦的帥哥。同學們細一端詳，這不是阿南嗎！以

第六章　不拖延，是生活幸福的首要標準

前圓圓胖胖的臉，現在居然輪廓分明，還多了些俊逸。阿南儼然成了聚會上的「焦點人物」，酒過三巡，阿南說出了自己堅持減肥的往事。

人們都知道只有「走出舒適圈」才能成功，然而真的做到卻並不是一件容易的事。阿南也害怕自己的意志力不夠堅強，為了替自己找一個適合的環境，阿南的第一份工作就是在健身房推銷會員卡。工作的閒暇，他常常跟著健身房的教練們一起練習，不知道流了多少汗水。另外，無數次，他在美食誘惑面前「掙扎」，然而都戰勝了自己。終於，阿南實現了他的「完美逆襲」。

「不做宅人」是件不容易的事情，相對於颱風下雨也要堅持去健身房報到，誰不想天天待在家裡，隨心所欲地吃吃喝喝呢？如同一個天天窩在宿舍打遊戲的宅男，被要求沒日沒夜地複習考試。「不做宅人」的路程是艱辛的。

娜娜很多年來週末一直保持著這樣的習慣：睡到自然醒，然後開始追自己喜歡的美劇。然而當她的工作換成了記者，週休二日就幾乎和她無緣了。她不是奔波在去往各地採訪的路上，就是加班加點地撰寫新聞稿。說也奇怪，比起之前懨懨欲睡的狀態，如今的娜娜每天都精氣十足。她說，走出家門不做「宅女」，戰勝自己的感覺真是好極了。你也可以做到，當你不再做個「阿宅」，開始積極地生活，未來的你會感謝今天做了這個決定的自己。

運氣是雙向循環的

在一場大型的商業論壇上，一位年富力強的商業大亨的演講引起了在場人士的共鳴。他說：「一旦開始創業，就要在心裡給自己準備十次失敗。如果你的產品開發出來無人問津，這十分正常，你要迅速找到原因重新再來；如果你改進後的產品依然市場效果不佳，別擔心，你還有八次試錯機會⋯⋯但千萬記住：只要你的產品沒有透過市場的考驗，就一定要節省每個銅板。創業公司唯有不斷試錯，寬容失敗，屢敗屢戰，必有成功！」

「運氣」是一種看不清摸不透的東西，是可遇不可求的。我們無法否認，好運是太多偶然因素的集合體，但在有些時候，幸運是「學」來的。我們只要保持積極向上的良好心態，有開朗的性格和不錯的人際關係，就可以為自己打造出「幸運」來。運氣是雙向循環的。雖然表面看上去，幸運像是「柳暗花明」的意外，但其實只要在實際生活中做一個健康快樂的自己，你的幸運將不再是「偶然」。

運氣是雙向循環的。過去的種種不如意已成為過去，我們的希望之火即使火苗再小，只要一次次地點燃，就有獲得幸運的機會。多少成功人士把自己的建樹歸功於「運氣」，而

第六章　不拖延，是生活幸福的首要標準

　　真正讓他們幸運的是超乎常人的努力。人們說：「越努力，越幸運。」然而，當我們真的執著地做些什麼的時候，你會發現生活中所有力量都在幫助你。

　　每當我們覺得人生不如我們所願，最常出現在口中的話語就是「運氣不好」。當你願意靜心想一想，以我們目前的付出，我們經歷過怎樣的磨難，哪些又是真正在和你作對的呢？一些甘於平庸的人會說：努力未必成功。然而他們不知道的是，努力之後的失敗也是生命的財富，這樣的人生足夠厚重。人的好運有限，壞運氣也不會總是圍繞著你。即使累積過許多失敗，也許就在那嘗試之後「久病成良醫」，那正是好運來臨的轉捩點。

　　我們都對這句話不陌生：「機會總是青睞有準備的人。」我們所謂的幸運，無非是在意料之外的時刻遇見一些機會，然而這只是完成了「幸運」的一半。如果沒有平時的付出和累積，我們恐怕沒有資本把幸運留住，為己所用。運氣什麼時候降臨，我們無法掌控；我們所能做的，就是在平時足夠用功，抓緊時間充實自己。這樣，當幸運來敲門，我們才有足夠的能力把它留住。

　　我們要保持樂觀向上的心態。雖然「人生不如意之事十之八九」，但是如果我們在不快樂的事情上打轉，在困境面前意志消沉，就看不到挑戰的背後是機會、痛苦的背後是喜

悅、苦難的背後是希望。沒有樂觀的心態，即使幸運已經在你身邊，你也會視而不見。

我們看問題要從多個角度出發。有時，我們固有的思維定式會把我們引入牛角尖，導致我們「坐擁金山」而不自知，對幸運視而不見。如果我們能從思維的桎梏中跳脫出來，也許就能夠獲得意想不到的驚喜。

我們應該保持旺盛的好奇心。你是否觀察過嬰兒的臉龐？他們的雙眼一刻不停地發現生活中每一件新鮮事，對周圍的一切保持敏感，因此也總是比大人們快樂很多。反倒是我們，對生活不再有那麼旺盛的好奇心，也錯過了許多美好。當我們學習新知識，處理此前沒有涉足過的新工作，只要心懷探索世界的好奇，就能讓大腦更多地保持在活躍狀態，從而讓成功有了更大的可能性。

相反地，遇到問題時，畏首畏尾、瞻前顧後，這樣的人只會是運氣的「絕緣體」。做事情時進行縝密思考是件正確的事情，但是如果思維過於周密，就很可能因為想得太多，錯過最好的機遇。因此，當運氣降臨，聰明人一定要「該出手時就出手」。

總是遇到好運的人常常是活在當下的人。人們的精力常常是有限度的，如果我們總是耽於臆想，被雜七雜八的瑣碎事情分散了精力，即使幸運正在向你招手，也會被你思慮的

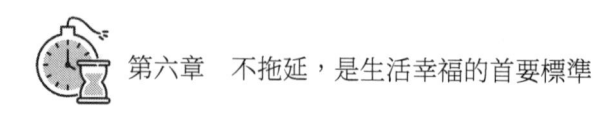

第六章　不拖延，是生活幸福的首要標準

陰影所掩蓋。因此，智慧的人都知道活在當下，隨時準備用全新的心態擁抱嶄新的機會，這樣的人才會越來越幸運。

　　也許我們的現狀不盡如人意，也許我們的未來不被別人看好，然而我們的努力並不是為了討好別人，也不是為了在不幸中自暴自棄。我們的幸運是建立在自己不辜負大好年華的基礎之上的，老無遺憾的人生才是最大的幸運。

負能量大爆炸第一個傷到自己

　　能不能馬上進入自己的工作，不拖拉地完成任務，這主要靠個人對於拖延的抵禦能力。如果說個人抵禦拖延的能力很強，是不是就意味著拖延的情況不會出現呢？其實也不是，因為造成拖延的原因還可能是環境。

　　假如你現在準備馬上投入到工作和學習當中，但是你周圍的環境卻特別的嘈雜——電話鈴聲、辦公室內客戶來訪的詢問聲音、同事閒聊的聲音等彷彿讓你置身於紛亂的菜市場。逐漸地，你的內心就會產生暴躁和憤怒，手裡的工作只好向後一拖再拖，無法準時完成任務。

　　默克最近遇到點麻煩，他原本和妻子打算一起帶著兒子去遊樂園玩，但是中途卻發生了一點意外。這天妻子下班怒氣沖沖地回來和他說，明天不去遊樂園玩了。「怎麼了，這是遇到什麼事了？」默克不知道究竟發生什麼事，讓一向很溫和的她這麼的生氣。

　　妻子向默克解釋道：「我原本已經完成了一個工作專案，剛剛做好，還沒有來得及儲存，不知道誰動了一下總電源，然後整個辦公室的電腦都斷電了，後來才發現是老闆的兒子在那裡玩，一不小心關掉了。公司大部分的人都要重新做一

第六章　不拖延，是生活幸福的首要標準

些工作。你不知道我的這個專案花了大概有四個小時才做完，竟然什麼都不見了！」妻子的表情變得十分氣憤。「那你們老闆有沒有說需要你們加班完成，畢竟明天是禮拜天，有空閒時間。」默克問妻子。「當然不需要了，畢竟又不是我們的錯，再說了這些工作也不是很著急，晚幾天完成也行。我只是有點生氣而已。算了，明天哪裡也不去了，心情不好！」

「明天我們不去的話，兒子肯定會很傷心的，」默克開導著自己的妻子，「不然我們和兒子商量商量後天再去，就說明天週六，去遊樂園的人很多？」

「好，那就後天去吧，反正明天是不去了，太讓人心情不爽了！」

　　人的情緒有時候影響著人們生活的正常秩序，你可能在很久之前就已經安排好了要去做一些事情，而且在自己的內心也認為，如果沒有太大變動的話這些事情會按照原計畫執行。但是近期發生了一些事情令你產生負面情緒，你的負面情緒影響著你做另外一件事情的執行進度。就好像是你準備明天去逛街或者去拜訪親友，可是因為當天發生了一些事導致你的心情很不好，於是第二天的計畫就被擱淺了。

　　環境對於一個人的情緒影響很大，尤其是工作環境。如果是在一個很輕鬆的環境裡，人們就不會產生一些比較不好的情緒，比如焦慮、暴躁、憤怒和怨恨等；相反，大家的心

情會很輕鬆，很平和甚至會很樂觀，這個時候的工作效率就會相應地提高，速度和效率得到保證，「拖延」這種狀態就不存在了。人的大腦在重複地進行某項活動的時候會產生疲憊，這個時候的自己會變得有點懶散，做事情也會提不起精神，大腦的反應速度就會變得比較遲緩。如果能在此刻聽一些音樂，大腦和身體的疲憊就會得到調節，大腦的反應速度也會得到快速的提升，這個時候再開始工作就會達到事半功倍的效果。

那些既有工作能力，又會很好地處理情緒的人，在職場上會取得長足的發展，並得到眾人的支持。而無法處理消極情緒的人，工作效率會大大受到影響，而且對將來的長期發展也是百害而無一利的。因此，我們要有效地學會管控自己的情緒。

首先，壞情緒的到來其實很容易被我們自己覺察。例如：當你正在跟同事爭論某一個方案，你發現自己攥緊了拳頭，或者忍不住伸手指著別人，這就是一個訊號：消極情緒產生了。這時候，你需要提醒自己：我的目的是解決問題，而不是發洩不滿情緒。

其次，為了更好地完成工作，我們對同事的消極情緒也不能冷漠對待。我們要學著體諒他人的負面情緒，並且要學會去加以勸導。當你發現同事表情不自然，或是唉聲嘆氣，此時你需要做的就是表達對對方情緒的理解。比如：你可以

第六章　不拖延，是生活幸福的首要標準

走上前問「有什麼需要幫忙隨時找我」，或是鼓勵對方說「困難是暫時的，相信你一定能解決好」。

如果一件工作確實會引起你所有的負面情緒，而且無論如何也無法調整好自己的話，你也可以把這項工作交給其他人。但是，一定要保證找到「合適的人」，至少不能讓對方感到煩惱和負累。

有一天，湯姆被要求替木柵欄刷油漆，這對於湯姆來說是一件很無聊的事情，如果是別人的話可能就會把這個任務交給他人來做，或者是把這個工作推到以後再做，因為自己目前感覺很無聊，做這件事也是很沒有意思。但是湯姆並沒有這樣，他只是努力地把自己表現出一幅很快樂的樣子，讓大家都看到「儘管我在做一件很無聊的事情，但是我仍然感覺很快樂」。所以之後就有一幕很奇怪的畫面，湯姆在很歡樂地進行刷油漆的工作，大家都在想：「這是很無聊的事情，為什麼湯姆會感覺很開心呢？」於是就有很多的路人想要試試，是不是自己做了這件事也會開心。但是湯姆就是不讓他們試，到了後來因為好奇聚起來的人越來越多，湯姆在這時候就把刷油漆的工作交給了他們，而他也從這項無聊的工作中解脫出來。

工作總是要去完成的，而負能量大爆發對完成工作而言，有百害而無一利。無論是產生了憤怒也好，怨恨也罷，都不是我們拖延工作的理由。

年輕人根本沒有假期這一回事

　　青春正是用來奮鬥的最好的年紀，我們不能把這原本該用來好好奮鬥的韶華用來享受安逸。年輕人必須在工作中讓自己的人生豐盈起來，不管你是使鋤頭還是用筆，也不管是推手推車還是編記帳簿，也不管你是種地還是編輯報紙，是當拍賣師亦或是作家，都必須工作，並為之努力奮鬥。對於年輕人來說，根本沒有假期這一回事。

　　如果仔細觀察周圍的人，你就會發現，那些工作最努力的人最有可能安享晚年而無須去工作。我們不要害怕超負荷的工作會縮短壽命，在二三十歲最好的年華裡，我們身體的承受能力遠不止如此。享受工作的種種益處吧！工作會增加你的食慾，工作會使你安然入睡，工作將會使你心滿意足地享受假日。

　　錦瑟流年，花開花落，歲月蹉跎匆匆過，在最能學習的時候你選擇戀愛，在最能吃苦的時候你選擇安逸，自是年少，卻韶華傾負，再無少年之時。錯過了人生最為難得的吃苦經歷，對生活的理解和感悟就會淺薄。

　　什麼叫吃苦？當你抱怨自己已經很辛苦的時候，請看看

第六章　不拖延，是生活幸福的首要標準

那些透支著體力卻依舊食不果腹的勞動者。在辦公室裡整整數據能算吃苦？在有冷氣的辦公室裡敲敲鍵盤算是吃苦？認真地看看課本、做做習題，算吃苦？我們所付出的，遠不如父輩為了我們的今天所流下的汗水。如果你為人生畫出了一條很淺的吃苦底線，就請不要妄圖跨越深邃的幸福極限。

當你看到廣告人的生活創意無限，你覺得做行銷好潮，可以掌握市場脈搏，縱情揮灑自己的創意。當你看到一位做房地產的朋友，每天和有錢人出入各種上等場所，IG 裡晒著各種你所不能企及的生活，你又覺得做房地產好賺錢。你豔羨那些觸及不到的生活狀態卻不曾想到，你日思夜想的夢想中的生活狀態，其實並不是你看到的那樣簡單。

總有一些付出，不會在網路上呈現。他所吃的苦，是最忙的時候每天只睡 3 個小時，從幾年前的數據一直分析到今天，一點點做著細緻無比的研究。他所吃的苦，是為了爭取一個客戶，和許許多多的勞工擠在一輛大巴士上，一邊回覆郵件，一邊對周圍詫異的眼神視而不見。他所吃的苦，是為了簽下一個大訂單，自己一個人在他鄉，看著別人世界中的團圓，裝飾著自己的相思夢。他所吃的苦，是為了一個上市專案，在 3 天之內自學幾十萬字的資料，用 3 天時間超越自己的極限獲取一個可能會成功的機會。他曾許多次摔倒在泥土裡，甚至讓別人從自己的身體上踩過去。他成功地取得了

讓人望塵莫及的榮耀，只因為他是一個懂得吃苦的人，能夠承擔得起那種厚重的魅力。他辛勤工作的身影，他渾身洋溢著的才華，他的一切經得起歲月的推敲。

　　為理想奮鬥著的年輕人永遠在路上。如果老天善待你，給了你優越的生活，請不要收斂了自己的鬥志；如果老天對你百般設障，更請不要磨滅了對自己的信心和向前奮鬥的勇氣。「天將降大任於斯人也」，也許上天是想讓你獲得更寶貴的財富。當你想要放棄了，一定要想想那些睡得比你晚、起得比你早、跑得比你賣力、天賦還比你高的牛人，他們早已在晨光中跑向那個你永遠只能眺望的遠方。

　　在你經歷過風吹雨打之後，也許會傷痕累累，但是當雨後的第一縷陽光投射到你那蒼白、憔悴的臉龐時，你應該欣喜若狂。這並不是因為陽光的溫暖，而是在苦了心志、勞了筋骨、餓了體膚之後，你毅然站立在前進的路上，做著堅韌上進的自己。其實你現在在哪裡，並不是那麼重要。只要你有一顆永遠向上的心，你終究會找到那個屬於你自己的方向。

　　不是所有人的青春都有在紅地毯上走過的那份幸運，但我們總有為了夢想付出行動的權利。既然夢想成為那個別人無法企及的自我，就應該選擇一條屬於自己的道路，為了到達終點，付出別人無法企及的努力。

第六章　不拖延，是生活幸福的首要標準

影響成功的 0.1，就毀在拖延上

我們上小學的時候，一定聽過老師說過這樣的話：以「1」作標準，以「1」為單位，然後出現了百分比。放在現實中，「1」就相當於平時工作的「標準」。如此看來，如果我們在平日的工作裡每次僅完成了「0.99」，並不會引起別人的注意；然而這樣細微的區別也屬於工作「未完成」的表現。

「0.99」的「未完成狀態」是如何誕生的？或許是因只剩下的 10 分鐘下班而開始瀏覽網頁，或許是每項任務完成後都留存了些不易察覺的遺漏，或許是對工作完成的情況沒有記錄在案。這一點點的缺失從表面上看似乎無傷大雅，甚至不少讀者朋友都可以從這些行為當中找到自己的影子。然而日久天長，平時的疏漏會像滾雪球一般越積越多，直到失控，成為難以彌補的巨大缺陷。如果我們每天都不能做到精益求精，那麼終將落後別人很遠。

想像一下，如果我們在現實生活中，遇到大小事都抱著差不多的態度應付了事，我們的生活品質將會下降得多麼嚴重？生活在一天天的繼續，而無數個「0.99」的乘積，只會越來越趨向於「0.5」。「0.5」，意味著不及格；意味著錯過太多

影響成功的 0.1，就毀在拖延上

本該屬於你的精采；意味著當你再想要奮起直追，卻已經距離目標太遠而力不從心。多少聰明有為的年輕人被「0.99」蹉跎了一生？

幾年前有句流行的話：「每天進步一點點。」這樣微小的努力看起來不值得一提，但是累積起來的效果確實讓人不可小覷。一天一小步，距離成功就是邁進了一大步。

朱園最近學聰明了。以往的他把目標定得很高大、很理想化，能夠付諸行動的可能性微乎其微。而且過分宏大的理想看起來距離現在太遙遠，短時間內不可實現，動力也就薄弱許多。朱園決定，這次自己一定要把目標定得切實可行些──不需要自己在一開始的時候就做很大的改變，每天只要改變一點點，之後就會取得巨大的進步。

大學畢業之前的朱園，滿心想著一旦踏入職場，每個月起碼要拿到 50,000 元以上的薪資。後來走入社會的他才知道，剛剛步入職場是沒有底氣談待遇的，作為新人的他什麼經驗都沒有，更遑論什麼社會閱歷了。畢竟，朱園還不能把書本上那些專業知識學以致用，許多實作的技能他還沒有掌握，因此能拿到的薪資並不高。在後來的一段時間，隨著朱園工作經驗的累積、閱歷的增加，他的薪資才慢慢地提升了上來。

朱園發現，自己的每一步看起來都很渺小，但是久而久之，這一步步的累積，將會讓他逐漸地接近自己的理想目

第六章　不拖延，是生活幸福的首要標準

標。朱園知道自己目前還有一些不足，比如做事很拖沓就需要慢慢來改變。但是陋習往往是很難在一瞬間就改變成功的。於是，朱園替自己做了分階段改變的計畫。在計畫中，他首先監督自己起身收拾房間，然後是提前 15 分鐘到公司收拾自己的辦公桌。當他做事逐漸上手起來，他開始替自己設下了準時完成工作任務的計畫。有了之前的鍛鍊做鋪陳，他的改變非常成功。

人們說的「一屋不掃，何以掃天下」，講的就是這個道理。如果要改變自己懶散的行為習慣，不如先把自己的房間收拾乾淨了。等到自己的房間可以經常保持整潔，就可以將整理自家的習慣帶到工作中。當你的工位每天都乾淨又整潔，你的情緒會跟著變好，此時，工作效率自然而然就跟著提升了。

這就好比英語初學者，他們經常會替自己制定一個又一個背單字計畫，在計畫表上寫著今天要背多少單字，明天要背多少單字。但是無論他們列「計畫表」的時候有多麼鄭重其事，真正堅持下來的人卻寥寥無幾。究其原因，制定計畫的人意志力不夠堅定。每天只要想起還有大量的單字要記憶，畏難的情緒就讓他們的心情很低沉。

與其用高不可攀的計畫打擊自信，為什麼不為自己制定一個看起來比較容易實現的計畫呢？崔先生是一個 30 出頭的上班族。「對於英語，我的學習計畫就是一天一個單字，每

隔一段時間就溫習。這個工作量很小，對於自己來說輕而易舉。這樣一年下來，就背會了365個單字。幾年下來自己的單字詞彙量就會變得很多，有時候還要比在學校裡整天學習英語的同學做得好。」

制定計畫的時候，目標一定不要定得太高，太過遠大的計畫很容易使人感覺到壓力。如果每一階段的任務做完後，沒有足夠的成就感去支撐自己的下一次努力，人就無法保證工作中的充沛精力，如此一來更加不利於計畫的執行。

比如說，對於減肥這件事，你可能已經在腦海中盤算了很長時間。可是每天早上一想到要離開溫暖舒適的被窩去跑步，你可能還沒有從床上坐起身來，就已經感覺到「累得不想動彈」了。為了讓自己有效地實現減肥的目標，就需要用循序漸進的方法來督促自己去實現這個計畫。如果你覺得晨跑對你而言有些難度，可以先嘗試著去外面散散步，看看晨跑的人們是如何堅持的。等到自己慢慢養成了每天散步的習慣，然後再嘗試著讓自己跑起來。從走走跑跑到完整地跑出一定的距離，漸漸養成跑步鍛鍊的習慣。

在平日的工作當中，我們完全沒有必要逼迫自己一口氣就把所有的事情給做完，這是不現實的。什麼事情都需要有一個循序漸進的過程。倘若只想著趕進度，只想著如何才能把所有的事情一下子都完成，即使你在工作時忙得腳不沾

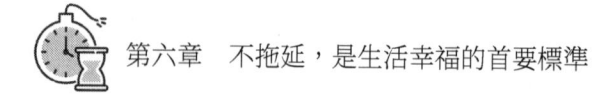

第六章　不拖延，是生活幸福的首要標準

地，但是工作的品質卻沒有任何的保證。如果因此而被上級要求重做，你的「高效」將得不償失。

假如你很喜歡書法，你的最終目標是成為一個很有名的書法家，而書法的練習也不是一蹴而就的，扎實的基本功是基礎。從單一筆畫的練習，到字帖的臨摹，然後到逐個字體的練習，從參看名家書法作品到自己揣摩出獨特的字型。這個過程環環緊扣，每一次的進步都建立在上一步扎實的基礎上。每個階段都把任務完成得盡善盡美，你的能力將會有根本上的提升。

第七章

做自己時間的主人，終結拖延症

第七章　做自己時間的主人，終結拖延症

成功者往往是時間規劃的高手

　　對於時間管理的問題，無論是知名人士還是普通民眾，都對之關心有加。很多人都有各種「小計畫」，例如想去學習、想去讀書、想去旅行，卻總是因為各種原因不能如願。尤其是對於「朝九晚五」的上班族來說，每天穿梭於公司和家庭之間，被各類瑣事纏身，時間全被打散了。想要完完全全地擁有自己的時間幾乎是不可能的。還有些人每天面對浩瀚繁多的資訊不知道如何取捨。在這樣一個到處都是資訊的世界裡，注意力被吸引、分散。我們每天看似十分忙碌，卻有不少是無用功，看似一刻不得閒，實際上做的都是一些無足輕重的事。這些關於時間管理和精力分配的事情在考驗著我們每一個人。

　　對不同的人而言，時間管理是沒有確定的標準以便遵照執行的。對做事「習慣自由」的人來說，沒有條條框框的約束反而更能激發靈感。但這樣的行動模式也可能是滋養懶惰的「溫床」，靠三分鐘熱度不足以讓一個人完成他的所有事情。

　　小林是一位時間觀念非常強的大學生。他的時間觀念強到何種程度？每天的時間都被精確劃分。他規定了早上 5：55 分起床就不晚一秒。5 分鐘起床時間，5 分鐘上廁所，10

分鐘洗臉刷牙，30分鐘晨跑，20分鐘早餐，然後是讀書、上課、自習、運動等。事無鉅細，就差把和女朋友約會也寫上去了。他的書桌前貼著自己設定的作息時間表，一張A4紙上，密密麻麻列印的全是時間安排細則，分分秒秒在他那裡都如此寶貴。看著他如同總統那般緊湊的時間安排表，室友調侃他：「萬一便祕，5分鐘如廁時間不夠用怎麼辦？」小林回瞪一眼，說：「不會有這種情況出現的，我的生理時鐘已經完全被調整過來了，什麼時間做什麼事，已經成習慣了。」

當然，小林的例子比較極端。普通人都不會有那麼精確的生理時鐘，對絕大多數人而言，做事情5分鐘不夠就10分鐘，10分鐘不夠就20分鐘，什麼時候完事了什麼時候停止。對那些人來說，做事情不給自己規定太多時間限制條件，太多的話反而會帶來精神上的負擔。管理時間的這兩種形式沒有好與壞的分別，唯一的標準是適合自己就行。

其實很多時候，我們的時間是不受自己控制的，特別是出社會以後。即便你是老闆，有時候也身不由己，需要處理各種大大小小的事務。如果把整個社會比作一部不停運轉的龐大機器的話，那麼我們每個人就是這部機器上面的一個螺絲釘或一個齒輪。每個人都是獨立的，但又協同合作，想把自己完全置身事外是不可能的，真正的世外桃源是不存在的。承認了這一點，我們也就該明白這樣一個事實：大多數情況下，我們的時間都是碎片化的。比如：郭台銘每年參加

第七章　做自己時間的主人，終結拖延症

無數次會議、論壇什麼的，這些難道都是他想參加的嗎？未必如此。有時候不得不參加，是出於面子或者禮儀的角度去考慮。那麼對於我們來說，要想追求卓越，讓自己不斷進步，唯一的方式就是加強碎片化時間的管理。把平時瑣碎的時間集中起來，化零為整，高效利用。

真正的成功者，一定是善於利用碎片時間的高手。至於如何化零為整，主要看自己了，有人把吃飯的時間利用了起來，有人把睡覺的時間挪用了，有人把可有可無的聚會推掉了，有人走在路上或開車的時候都在思考問題⋯⋯

很多人之所以把問題歸責於沒有時間，除了不會管理自己的碎片化時間外，一個普遍原因是不願意放棄安逸的生活狀態。這種狀態已經成為了一種習慣，而改掉自己的習慣是一件很難的事。但是從另外一個角度來考慮，讓自己的生活狀態像衛星一樣「變軌」一下，更新到另外一種狀態和習慣，也未嘗不是一件美妙的事，或許可以看到原來看不見的風景。

我們之所以成為時間面前的「窮人」，還存在另外一種原因，就是不知道如何利用自己的碎片化時間。很多人之所以管理不好自己的碎片化時間，一個重要原因是不知道把這些時間用來做什麼。朋友約你一起去看電影，你可能會這樣想：為什麼不去呢？如果這段時間不用來看電影，又有什麼別的

事情可做嗎？於是大多數人就這麼「不明不白」地去看了電影。對於碎片化的時間如何利用的問題，這其實就回到了我們做事情的初衷：你的目標是什麼？

如果你沒有目標，那麼只能隨波逐流，按照別人的安排去生活，做一天和尚敲一天鐘。這樣的你也一定沒有管理自己碎片化時間的能力，因為你沒有足夠的動力。而一旦有了明確的目標，那麼一切問題就不存在了，你會為了目標而不惜代價，你也就知道了什麼事情重要，什麼事情不重要，你也自然就懂得了如何取和捨。那麼，面對浩瀚的資訊侵蝕我們的碎片化時間，我們應該怎麼做呢？

首先必須明確一點：資訊無罪。我們應該為身處在這樣一個信息豐富的世界而慶幸。問題不在於資訊本身，而在於我們自己如何去甄別、去選擇、去取捨。只有我們清楚地知道自己想要的是什麼，有了明確的目標，那時候我們自然就知道如何去選擇資訊，甚至為了實現我們的目標，還要去主動挖掘資訊。那時的困擾就不再是「資訊太繁雜」，而是「資訊嚴重不夠用」了。

一切問題的解決根源最終都歸結到了一個共同的點，那就是你自己。一旦你行動起來，全世界都會為你讓路。

第七章　做自己時間的主人，終結拖延症

計算拖延的時間成本

很多人在面對拖延的時候，總是表現得十分被動，就是無所謂什麼時間開始行動，在行動之前，能拖一會兒是一會兒，反正拖延又不浪費什麼。但這種心理有一個很大的思維漏洞，就是沒有考慮到時間成本。

假設你花了 350 元買電影票，你發現自己看的是一部爛片，你心想「如果不看完，這 350 元可就浪費了」。但事實是，你這 350 元早就浪費了，無論電影是好片還是爛片，這 350 元都不會還給你，在這一點上，你無論選擇留在那裡還是就此離開，都沒有任何區別。

但如果你看了 30 分鐘就離開，你就為自己省下了一個半小時，那麼你就可以提前開始自己計劃好的工作。假如這項工作給你帶來的收益是 500 元。那麼你不但彌補了浪費掉的 350 元，還多賺了 150 元。

時間是看不到、摸不到的，所以當你選擇拖延的時候，你沒有覺得自己是在浪費什麼。但如果將時間量化成金錢，作為一種成本來計算，你就可以看到，大筆的金錢都在你無所謂的拖延中被浪費掉了。

計算拖延的時間成本

戴明在一家網際網路公司擔任技術總監，他早就有退出團隊，自己建立公司的想法。幾年前，公司業務發生了一些變動，很多部門都面臨縮編，這正是戴明趁機組建團隊的好機會。他和一些業務骨幹談好了合作的意向，接著便遞交了辭呈。

在向公司辭職之後，戴明應該立即著手處理成立新公司的相關事項。但他覺得自己好不容易從緊張的工作中脫身出來，可以先休養一段時間，因此給自己放了一個月的短假。這一個月的假期讓戴明過得非常開心，但等他休假回來，一切都不一樣了。

首先，戴明為公司規劃的啟動專案已經被其他企業捷足先登，戴明本來應該用一個月的時間組建團隊來搭建這個專案的雛形，但現在，這個概念已經被其他公司炒熱了，戴明只能步別人的後塵。

其次，因為對公司前景的疑慮，以及自身條件的變化——原公司提高了待遇，戴明之前談好的團隊骨幹有一半都出現了變動，戴明就只好重新組建團隊。

最後，因為前兩個問題的出現，戴明原本拿到的風投也出現了變化，對方要求以更小的投資占去更多的股份。

以上這三個問題的出現，讓戴明一時措手不及，他至少要拿出大把的時間將這些問題逐一擺平，結果又因此耽誤了小半年的時間。當他的專案正式發表的時候，網路上已經出現了成熟的交付物了。

第七章　做自己時間的主人，終結拖延症

　　一個從辛苦工作中解脫出來的人，給自己放幾天假本身沒有什麼大不了的，所以從情理的角度講，戴明的行為算不上出格。但問題在於，情理之外還要考慮經濟帳，戴明因為這短短的一個月假期，給經濟造成的損失是不可估量的。如果，戴明能夠早一些從這個角度去思考問題，那麼他是一定不會選擇休假的。

　　經濟學有一個名詞叫做機會成本，其具體的含義是：假設你在同一個時間裡可以選擇做 A 和 B 兩件事情，那麼這兩件事就互為對方的機會成本。比如你可以用一週末的時間來休息，也可以用一週末的時間來做兼職，兼職的收入如果是 500 元，那麼你休息的機會成本就是 500 元。

　　在現實生活中，只要當你有事情可做的時候，那麼你的拖延就一定是有機會成本存在的。做個最直觀的假設，如果你的月薪是 40,000 元，每月上班 22 天，那麼你每天的收益就是 1,818 元，而如果你選擇將今天的工作拖延到明天去做，那麼你拖延的成本就是 1,818 元，也就是為了今天的拖延，你實際上支付了 1,818 元出去。

　　直接收入是最直觀的機會成本，除了直接收入之外，你還要承受因為拖延而導致的精神緊張，因為工作累積而導致的疲勞，因為工作延後而錯過未來可能出現的機會，這些都是你因為拖延而必須要支付的成本。

計算拖延的時間成本

　　如果，你能夠將拖延的成本量化成為具體的金額，那麼就更加能夠直觀地感覺到拖延的代價，也就更能明白為了一刻的快感，自己到底負擔了多大的成本。金錢的衝擊總是最能夠刺激人的，因此，我們要有理由相信，當你能夠計算自己拖延的機會成本時，也就是能夠自主、自覺地開始行動的時候。

第七章 做自己時間的主人，終結拖延症

「黃金時間」是最優質的財富

我們身邊不乏這樣的抱怨：每天一大早就起來了，忙前忙後一分鐘都沒有停下，為什麼到了半夜手頭上還是有不少的工作需要處理，時間都用到哪去了？英國哲學家培根說過：「選擇時間就等於節省時間，而不合乎時宜的舉動則等於亂打空氣。」

同樣的工作量，有些人慌裡慌張、忙上忙下，連吃飯的時間都沒有，儘管這樣還是處理不完手頭的工作。而有些人看起來一點都不著急的樣子，中午還會悠閒地喝一杯咖啡，而到下班時間總能把所有的事情都處理完，一個月都沒加過幾次班。同樣的工作，有些人只是循規蹈矩，機械地重複著手邊的工作，毫無創新，工作效率也不見提升；而會動腦子的人總是會找到一勞永逸的方法，短時間內就把事情解決了。拋開一個人的辦事能力不講，其中很大的一部分原因就是因為他們分配時間的方法不同。

就像好鋼要用在刀刃上，好時間也要用在關鍵的事務上。每一天，都會有一段時間可以稱得上是「黃金時間」；在這段時間裡處理重要的事情，往往會起到最意想不到的效

「黃金時間」是最優質的財富

果。所以，我們要合理安排時間，把握好「黃金時間」，提高我們的辦事效率。

　　如果你覺得自己每天都忙忙碌碌的，就算是全天不睡覺時間也不夠用，每天都覺得工作壓力特別大，那麼試問，你每天又有多少時間是真正用在了「刀刃」上，又有多少時間是在處理一些重要事務？而多少時間用在了煲電話粥、LINE 聊天以及各種瑣碎小事上了呢？當你因為時間不夠用而忙得沒有時間睡覺的時候，有沒有計算過有多少時間浪費在了這些用來娛樂消遣的事情上？雖然每一次「分心」只是持續了很短的時間，但是積少成多，這些壞習慣不僅浪費了我們大把的時間，而且還打亂了我們的工作計畫。因此，在工作中我們必須要高度重視時間的規劃，真正做到不浪費時間，合理安排時間，提高工作效率。

　　若要合理安排時間，首先，要拒絕把時間用在沒有意義的事情上。我們要對自己的時間負責，讓時間為重要的事情服務，確保每一分鐘都能被有效地利用，而不是整天被時間追著跑。我們經常會因為某件事或某些習慣而打亂了自己原來的工作計畫，這就是偷走我們時間的「時間盲點」。清除這類盲點，就要將每天的時間進行合理的劃分，把一天的工作任務列出一個清單來，並規定好完成每項任務所需要的時間，同時還要預留出解決突發情況的時間，或者還可以給自

第七章　做自己時間的主人，終結拖延症

己騰出一些時間休息。

另外，要找到自己工作效率最高的「黃金時間」。把自己的時間分成幾個階段，看看哪一段時間自己的工作效率最高，這樣就可以把最重要的任務放在這個「黃金時間」裡去做，然後用剩下的時間來處理其他的事情。因為每個人的「黃金時間」都是不同的，所以需要根據自己平時的工作狀態來判斷，根據實際情況優化和整合時間，從而提高自己的工作效率。工作缺乏條理、混亂無序，也會浪費掉我們很多的時間。試想，如果一個行政人員把所有資料亂堆放在一起，本來一天就能寫好的報告，結果光是找資料就浪費了半天時間，那豈不是在無形中讓自己的時間白白浪費掉了？

提高工作效率有「三原則」，即在做每一件事情之前，為了提高效率，應該先問三個「能不能」：能不能取消它？能不能把它與別的事情合併起來做？能不能用更簡便的方法來取代它？這樣，我們就可以取消一些無關緊要的事情，甚至是純屬浪費精力的事情。還可以試著把幾件事情併到一起，一起解決。也可以提醒自己想一想有沒有更簡便的做事方法，可以提高工作效率。這樣，我們不但可以有選擇地做事情，而且還可以有方法地做事情，這樣一來，不僅可以避免浪費時間，而且還會節省不少的時間。

許多人因為工作過多而力不從心，真正原因並不是工作

太多，而是因為沒有計畫。沒有計畫，就會使人陷進混沌中，做事沒有條理、丟三落四，平白浪費掉不少寶貴的時間。也很可能會被一些不在計畫之內的事情纏住腳步，導致正在做的事情沒做完，該做的事沒時間做。所以，如果你有很多的事情等著去處理，那麼一定要提前做好計畫，這樣不僅可以系統地安排你的時間，還可以把雜亂的事情安排得有條理一些，防止有遺漏。

另外就是要學會利用最佳狀態去辦最難或最重要的事情，這將使你的工作效率在無形之中得到提升。一些學者經過研究發現，人和其他生物的生理活動都存在明顯的時間規律，人的智力、體力和情感都會有一定的週期性變化。就像我們都知道一個人記憶力最好的時間是在早上，所以學校才會在早上安排出晨讀的時間。所以，我們要善於管理自己的時間，找出自己在一天中什麼時間工作效率最高，並充分利用這段時間來處理最重要和最複雜的工作，而把精力稍差的時間用來處理例行的公事。這樣，時間所產生的效益往往就會得到很大的提升。

所以，我們要積極地尋找自己的「黃金時間」，把「黃金時間」都用在刀口上，要有計畫地做事情，讓所有時間都能夠充分有效地利用起來，用最少的時間創造出最大的效益，從而擺脫拖延症對我們的干擾，讓生活變得更舒暢。

第七章 做自己時間的主人，終結拖延症

節省時間就是創造財富

相信不少朋友都對這句話不陌生：「時間就是財富。」不少國家都「不約而同」地有這樣一個共同口號：全民工作高效率。推及到我們每個人，在努力工作的時候是否應當注意自己的工作效率，讓人生更加有品質呢？

去過美國的朋友都為美國優美壯麗的自然景觀和車水馬龍的繁華景象所吸引。而實際上，美好的外在條件只是美國經濟發達的表象之一。若是沒能做到「好鋼用在刀刃上」，再好的資源也終將被無端地浪費。日本的資源並不發達，但它的經濟實力在亞洲名列前茅。因此，這些表象並不是一個國家經濟發達的根本原因，而是全民極高的工作效率共同創造了國家的經濟神話。因此，在我們尋求富強之路的時候，應將注意力放在提高效率、消滅浪費上面。

美國人對時間的節省是有目共睹的。美國街頭隨處可見的文具店裡，都有一種叫做「電話留言紙」的小便條販賣，上面印有空白內容欄，用以填寫日期、姓名、時間等。內容欄裡又特意替回電號碼留下空白處，還有「等一下再回覆電話」等常用語。有了「電話留言紙」，被撥叫的使用者即使不在電

節省時間就是創造財富

話機前也可以把留言傳給對方，以免播出多個電話卻不通的結果出現。由於電話網的總容量具有一個特定的範圍，電話通訊的人越多，通話時可能出現占線的機率就越大。一旦由於占線而陷入等待，影響的範圍就大了。用「電話留言紙」可以有效規避非必要的等待時間。比起撥打電話，「電話留言紙」既節省了時間又節省了金錢。

若你漫步美國街頭，尤其是大城市街頭，馬路上來來往往的行人行色匆匆，似乎都在和時間進行著無聲的較量。那些優哉游哉、漫步閒聊的人，反而極有可能是觀光客。地鐵裡的左右分道也可看出兩類人的不同生活模式：在扶梯靠右的，是並不著急趕路的等著扶梯緩緩上行的人們。而在扶梯左邊的，是匆匆趕路，恨不能三步並作兩步走出扶梯的人士。人們心照不宣地形成了這種規矩，左右分行的設定也讓兩類人能夠各得其所。

排隊是浪費時間的一大原因。徹底消滅排隊現象雖然不是不可能，但是解決排隊問題的成本太高。因為服務設施要按業務尖峰來安排，在其餘時間就造成浪費。在美國，銀行、郵局、超級市場等在繁忙時也難免排隊，但他們有一些盡量減少排隊時間的不成文規則。首先是每個人都自覺、有秩序地排隊，而不圍在服務窗口爭先恐後。對顧客來講，沒有了先後順序，全憑力氣朝前擠，不但增加心理上的緊張，

第七章　做自己時間的主人，終結拖延症

有時還為扒手行竊創造了機會。其次，在美國，排隊的頭一個顧客照例離開服務窗口至少有 1 公尺多遠。一方面避免彼此靠得太近不舒服，另一方面也是尊重別人的隱私權，避免探聽別人私事的嫌疑。如果服務窗口不止一個，並不是每個窗口前面都排一個隊，而是只排成一個隊，依次到空出來的窗口去辦事。這樣可以確保先來的人先被服務，不會發生先來的人因為排了一個移動得慢的隊，反而比別的隊裡後來的人還後得到服務。

在超級市場收款點常設有快行道，專門為購物不足 10 件的顧客服務，因為大多數顧客一次購物都達幾十上百件。購物少的顧客可以不必等這些買大批東西的顧客，快速通過。坐在櫃檯上的服務生為了減少顧客等待，也有一套服務規範。

如果每個人都能夠做到準時、守時，無論是準點上班、按時開會還是依時營業休業，全民準時就能夠讓每個人都避免等待的麻煩。不浪費時間是對他人最基本的尊重之一，也是與同事、客戶愉快合作的前提。在每個任務到來之時都準時完成，積少成多，財富也會逐漸被納入囊中。在這個龐雜的社會組織內，任何一個環節的不守時都有可能波及其餘，造成嚴重的經濟損失。

班機到達目的地，旅客紛紛準備取走自己的行李。單單

節省時間就是創造財富

是取行李,就需要不同職位的人進行周密的配合。飛機貨艙內的搬運工、開著托運行李小車的司機、排程行李去向的指揮員、負責操縱行李傳送的司機。他們之間的默契配合才能讓新老乘客們交接正常進行,否則會帶來「牽一髮而動全身」的影響。在高效率的國家裡,乘客的行李領取往往是不需要花費太多時間的。在公共場所的高效率足以讓整個社會的運轉效率得到提升。

魯迅在其作品裡描述了路人「伸長了頸子」看熱鬧的閒民醜態,這也許正是時間多得沒有「用武之地」的人們的愛好。然而細微之處總能看到一些問題,一個對自己時間不珍惜的人,在工作中會有多大業績呢?如今經濟飛速發展,時間意味著金錢和商機,成功者是不會有閒情逸致肯浪費時間去看熱鬧的。

美國的大都市街頭,極少會看到有人鬥嘴吵架,更沒有駐足觀看的人群。有一次,一位暫住在美國的臺灣人開車到一家公司做訪問,結束後準備回家的時候,忽然聽見車子的後方傳來一聲巨響。原來是兩輛轎車不慎相撞,所幸沒有人員受傷。那位臺灣人驚訝地發現,兩位車主並沒有發生任何爭吵,而是心平氣和地把車開到路邊,交換了駕照號碼並和平商量解決了問題。他們商量責任過程的時候,沒有一個路人停下來指指點點,甚至不需要警察到場協調。誠然,這和美國的保險制度有關,但更值得我們虛心學習的是他們務實又珍惜時光的態度。

第七章　做自己時間的主人，終結拖延症

梁實秋曾經說過：「沒有人不愛惜他的生命，但很少有人珍惜他的時間。」生命是有限的，青春時光更是寶貴。在萬事更新換代如此之快的今天，我們更加不能夠蹉跎歲月，白白錯過創造財富的大好時機。我們缺的或許不是資源和經驗，這些在資訊如此發達的今天都能夠輕易地得到；然而對時間的珍惜和利用卻是不少人需要掌握的課題。

節省時間就是創造財富，珍惜時光則是創造價值的有效保證。對於職場人來說，高效利用時間更是一件與豐厚報酬相連繫的事情，而且對於事業的長足發展也大有助益。

把最大塊的時間
分配到最有價值的工作上

你是否發現這樣一種情況,當你每天準備開始工作的時候,許多繁雜的事情如雪片般飛來等著你處理。此刻的你往往會手忙腳亂,不知道先做哪個後做哪個,更不知道哪個可以暫時放棄不做。到最後,該做的事情沒有來得及做,卻把時間浪費在了一些微不足道的事情上。雖然也是忙了一天,但效果並不好,甚至會受到主管的責備。真正懂得時間管理的人士,會及時找出什麼是生活、工作中最重要的事情,把它們寫在紙上、記在心上,用一天當中最大塊的時間處理這些事務。

無論是工作還是生活,在繁雜的事務的千頭萬緒中,我們都需要有把事情分出主次、處理好千頭萬緒的能力。做事情除了認真盡力,還要有足夠的技巧。做事要分得清輕重緩急,按照一定的次序和規律完成。在所有要做的事情中,把最大塊的時間分配到最有價值的工作上去。

聰明的時間安排者會依主次順序來處理自己做事的先後。他們每天都會把他們當天要做的事全部列出來,並且依

第七章　做自己時間的主人，終結拖延症

照重要和緊急的程度進行排序。他們懂得，要用自己最大塊、最完整的精力和時間去處理最為重要且緊急的事。例如事關實現人生目標和理想、對工作的完成起著決定性作用的事情，與自己日常生活正常運轉息息相關的事情，這些事情顯然應當放在首位。其次安排重要但是不夠緊急的事情，比如說下週一提交的文案企劃，或者 3 天後需要還的一本書等等。接下來才是緊急但是不夠重要的事情，例如使用朋友給的電影票。這類事情視情況而定，前兩類事務都完結了才可以考慮。最後是不重要又不緊急的事，例如漫無目的地發呆或者是純粹消磨時間地上網等，這樣的事能少做就少做。

查爾斯・希瓦柏創立的世界第二大鋼鐵公司——伯利恆鋼鐵公司，前身只是一座小小的鋼鐵廠。在殘酷的競爭面前，是什麼促使伯利恆鋼鐵公司得到了飛速、卓越的發展呢？世間事沒有始終一帆風順的，伯利恆鋼鐵公司的發展也曾經面臨諸多困難，幾近破產。總裁查爾斯也曾經採用諸多「新政」卻無法讓鋼鐵廠有所轉機。無奈之下，查爾斯求助於他的一名效率專家朋友。為了表示誠意，查爾斯對朋友說：「如果你能告訴我如何更好地執行計畫，我一定聽你的，在合理的範圍內，價錢由你決定。」朋友耐心地聽完查爾斯的傾訴，對查爾斯說，現在就可以交給他一樣東西，這件東西至少可以讓伯利恆鋼鐵公司的業績提升 50%。

望著查爾斯驚訝而疑惑的臉，朋友遞給查爾斯一張白紙

把最大塊的時間分配到最有價值的工作上

和一枝筆。朋友對查爾斯說:「你在這張紙上寫下六件對你來說最重要的事,然後按照對你來說的重要程度用數字給這些事排序。」查爾斯雖然心裡覺得有點小兒科,但他還是照做了。朋友接著說:「現在把這張紙放入你的口袋。等你明天早上起來,把這張紙條拿出來看一眼,做被你排在第一位的任務。不要去看其他,只做這第一件事,直到完成為止。然後如法炮製,開始做第二個、第三個⋯⋯一直到你下班。不要擔心事情做不完,因為你總在進行著最為重要的任務。這種方法每天都要堅持下去。當你看到這一方法所創造的奇蹟,當你對它無比信賴的時候,你可以要求你的下屬也這麼做。當然,這個實驗堅持多久,全靠你個人的選擇。然後,寄一張支票給我,你認為我提供給你的方案值多少錢,你就給我多少錢。」

查爾斯聽罷,哭笑不得。他內心覺得這個方案太過於簡單,不可能挽救他的企業。但是既然答應了要照做,而且一時之間沒有其他「力挽狂瀾」的辦法,因此,查爾斯照做了,還要求公司上下認真貫徹這位朋友的建議。一開始,公司上下還存在著不小的牴觸情緒;但是後來,公司從高管到職員,包括查爾斯本人,都驚喜地感受到這一方法給公司帶來的巨大實惠。以前企業內部存在的一些辦事拖沓、低效的缺點,都隨著每個人效率的提高而逐漸被克服,伯利恆鋼鐵公司又重新煥發出生機。

幾星期後,查爾斯的朋友收到一張上萬美元的支票和一

第七章　做自己時間的主人，終結拖延症

封信。信上的文字來自查爾斯：「謝謝你朋友，這是我一生中學到的最有價值的一課。」

若干年之後，名不見經傳的小伯利恆鋼鐵廠一躍而成為世界著名企業，查爾斯的朋友的提議可謂功不可沒。「把你每天要做的 6 件重要的事列出來，並認真完成它們」，這個看似簡單的建議救活了一個瀕臨絕境的企業。這一管理方法被管理學界喻為「價值上萬美元的時間管理方法」。

我們都知道，釘子之所以能夠釘入堅硬的牆壁和厚厚的木板，是因為它尖銳的頭部可以把力量集中於一點。我們做事也是一樣，對於棘手複雜的事務，需要整塊的時間去完成。其實，在我們的日常生活中，要想在有限的時間內做完和做好更多的事情，就必須知道什麼事最重要。明確重點，突出重心，把一天當中的「黃金時間」交給最重要的任務，才能用有限的時間和精力完成最有價值的工作，達到事半功倍的效果。

而如果我們做事情不分輕重緩急，缺少對主次的辨別，我們就容易在重要、複雜的事情面前分散精力，缺乏時間規約的我們就容易在小事面前分心分神，患得患失、煩惱重重，而白白消耗了原本可以「集中精力辦大事」的整塊時間。

對我們而言，最重要的不是做了多少事情，而是能否把數量有限的主要任務做好。有些在自身領域取得不俗成就

的人,甚至窮盡他們的一生都在進行有限的幾件最重要的事情。如果我們可以做到合理分配時間,把大塊的時間用在「刀口」上,去做對我們最有價值的工作,那樣成功的巔峰也就離我們不遠了。

第七章　做自己時間的主人，終結拖延症

了解時間，就像了解你的儲蓄一樣

　　商業大亨們的成功往往與他們超常的時間管理能力分不開。某間知名公司的前任總裁，真可謂是像管理自己的儲蓄一樣對時間嚴格管理，每個時間段該做什麼都被他安排得清清楚楚。他花20%的時間跟客戶溝通交流，35%的時間主持或參加各種大小會議，10%的時間跟重要的人士通話，5%的時間閱讀祕書交給他的檔案，剩下的時間用來做短期內可能看不到效果，但對公司的長期發展有好處的事情。

　　管理時間是拖延者們面臨的重大挑戰之一。表面上看來，拖延者對時間的流逝漠不關心，然而他們內心往往存在著對時間的巨大恐慌。「今晚我跟女朋友約好了去看一場電影，但這一定不會影響我明天一早交出一份論文。」大致說來，拖延者對於時間的觀念相當不現實。他們很難意識到客觀存在的時間是有限的，對他們來說，時間可以無限拉伸，他們將永遠有時間完成被他們堆積如山的任務。

　　然而事實並非如此，拖延症患者在與時間進行的賽局當中常常輸得一敗塗地。他們透支了自己的「時間銀行帳號」，因此在真實的生活中也無法占據主動權。

　　一位著名的時間管理專家說：「您永遠也不可能掌控時

間,而我們自身卻一直在時間的控制之下。」無法掌控時間,這聽起來是一個令人沮喪的消息。然而時間管理專家從中看到了積極的一面,他說:「人們真正要做的,不是逆時而生,而是順時而活。」既然我們無法操控時間,那麼我們可以把時間當成朋友,像了解自己的儲蓄一樣對時間加以充分了解。下面介紹一點小訣竅,希望能對你有所幫助:

我們可以偶爾嘗試一下脫離時間的感覺,也許在充滿新鮮感的環境下,我們可以更好地把握住做事情的節奏。首先,選擇一個遠離時鐘、手錶、電腦等的地方。您可以憑藉日升日落和其他自然現象來推測時間,例如下午到晚上,氣溫慢慢降低,天色也逐漸變暗,馬路上的車子也逐漸變得多起來。當你遠離了日常生活的環境,在全新的環境下,或許會取得意想不到的高效率。

在日常繁忙的事務中,我們難免會遇到跟不喜歡的事務打交道的機會,比如說寫一份非常耗費精力的報告,或者是要整理一些擱置許久的檔案。如果這些任務是我們躲不開的,而且要花費不少時間在眼前這一煩心的任務上面,習慣拖延的我們是不是感覺自己簡直要抓狂了?我們是否又要開始尋求他人的幫助,或是找藉口逃避?下一次,不管我們的心情好壞,不妨在理智的規約下合理利用時間,一時的「痛苦」會讓你的生活富有成效。

第七章　做自己時間的主人，終結拖延症

趕走那些讓我們分心的念頭吧！比如「要不是這些瑣事，我現在肯定在幹些更有意思的事情呢！」這麼心不在焉肯定影響效率，說不定還會頭痛腦脹，甚至不小心劃破手指什麼的。而把注意力集中在當前的工作上，會更容易讓人感覺滿足和快樂。只有從內心不把工作看作一種懲罰，工作任務才能順順利利被完成。

不妨為計畫之外的事情列一份「清單」。身體鍛鍊、社交活動、清潔和購物，這些事情所需的時間可以有效幫助你看清楚目前的生活狀況。一些人列下表格之後深感吃驚，因為他們發現一天當中的大部分時間居然被社交和娛樂活動所占據。

電腦原本是幫助我們提高工作效率的，然而再沒有比它更加占用我們工作時間的了。想想看，有多少原本應該用於工作的時間，被浪費在了社群網站和娛樂網頁上？為了避免這樣的拖延境況發生，我們可以篩選出一些原本不需要電腦來幫助完成的工作。

比如：給客戶的一封信件，是否手寫會比用電腦打出來顯得更加暖意融融？如果你明天需要做報告，那麼臨場時準備一張寫著關鍵字的小卡片，也許比你影印出長長的稿件要合適得多。首先，我們對手寫的東西更加熟悉、更不容易遺忘；其次，如果採用列印稿，上面的錯漏之處更加容易讓

我們分心。當你採用手寫的文字，你甚至可以在上面圈點標注，用更加獨特的方式讓自己加深印象。

對於一個「晚睡型」的人來說，讓他每天勉強自己從被窩裡鑽出來，早起半小時晨跑，是一件不太合乎實際的事情。我們每個人都有獨屬於自己的「生理時鐘」，在不同的時間段裡，我們的狀態是因人而異的。比如說，一天當中什麼時候腦力最充沛，什麼時候精力最旺盛，什麼時候最能在社交場合妙語連珠，只有建立在對自己充分了解的基礎上，才能幫助我們更好地以最佳狀態面對工作和生活。

在一個日程表被安排得滿滿的生活裡，我們可以為自己帶來些新鮮感。例如：為你每天那個無所事事的狀態預留出一定的時間。在這個「無所事事」的時間段內，放下工作、生活當中的千頭萬緒。冥想可以讓你身心舒展、思路更加清晰，哪怕只是給自己預留出一個放空自己的時間，就可以更好地投入到日常生活中來。給自己的心靈放個假，然後煥然一新回到現實中，重新審視自己的困難，很可能曾經的難題也變得不那麼棘手了。

總之，我們要像對待金錢一樣認真地對待我們的時間。對於個人儲蓄的管理，許多人知道用記帳等方式加以控制。同樣的道理，我們可以積極地總結時間的使用情況，掌控「累積」和「消費」。例如：思考、進修、閱讀、高效工作等，

第七章　做自己時間的主人，終結拖延症

都屬於時間的「累積」，而吃飯、睡覺、聊天、娛樂等，屬於時間的消費。而還有一些，屬於完全無用的消耗。在生活中，我們堅持每天「儲蓄」一些時間，輔以合理「消費」一些時間，我們的生活就會慢慢變得「富裕」起來。

活用那些零碎的時間

時間是在我們不知不覺間被一分一秒浪費掉的,同樣,時間也可以被一分一秒積少成多攢起來。有些人會在日常瑣事上一再浪費時間,而有些人卻能夠充分擠出空閒時間多做一些事情。千萬不要小看那些零碎的時間,也許零碎時間只夠整理一下書桌或者打一通電話給客戶,但是如果珍惜時光,日積月累,零碎時間完全可以幫助我們完成不小的目標。

假設這樣一種情況:每天給你 15 分鐘的閒暇時光,你會用來做什麼?也許你認為這點時間什麼也完成不了,15 分鐘的時間甚至不夠你下樓買一杯咖啡。可是,就是這看似毫不起眼的 15 分鐘,卻有人做了你所想像不到的事情。

美真是一位普通上班族,和多數在社會闖蕩的年輕人一樣,美真的工作並不輕鬆。然而美真依然完成了一件出乎同事們意料的「壯舉」:她用 1 年的閒暇時間掌握了初級韓語,然後利用連假,一個人去了趟韓國。她在韓國為期一週的時間,逛了許多韓國的風景名勝,品嘗了許多美食。她還去首爾大學逛了一圈,在那裡遇到了一些中國留學生,交了一些

第七章　做自己時間的主人，終結拖延症

朋友。在這一週的時間裡，美真用相機記錄下許多美好的瞬間，也在韓國街邊商場「買買買」，甚至觀看了喜歡的歌手的現場演唱會。她就像是一個當地人一樣，對眼前的一切毫不緊張。等她假期結束回到公司，不少同事紛紛拉著她問長問短。是啊，有誰能夠想到，忙於工作的同時還能學習一門外語，這簡直是件不可思議的事。其實，美真的「祕訣」很簡單，她只是在每天下班去喝咖啡的等待時間裡，用手機裡的單字軟體記憶了幾個單字而已。

我們都明白積少成多的道理，但是往往因為這個過程太漫長，所以堅持不下來，或者因為覺得渺小的零碎時間沒有什麼大的用處，所以就寧可視而不見。可是，如果沒有這些無數的一分一秒，那麼也就沒有我們漫長的一生了。我們應當把節省時間當成一種可以延續生命的習慣。這樣的零碎時間在我們的人生中不計其數，因而我們亦無法估量我們可以利用零碎時間做多少事情。所以，千萬不要小看了一生中的每一個「15分鐘」，充分利用，你的生活會迎來很大的轉變。

當然，我們每天的閒暇時間是「可遇不可求」的，誰也沒有辦法預先計劃周詳，將這些時間整合成一天。但是我們卻可以在每個閒暇時間段到來的時候讓自己行動起來。也許你對象棋感興趣，也許你想學吉他或是素描，再或者你最近剛買了一部單眼相機正愁著沒有時間學習。沒有關係，你可以充分利用好你手頭的每一段閒下來的時光。時間就在你的指

活用那些零碎的時間

縫裡，只要你願意加以使用，那麼就絕對比白白浪費大好時光有價值得多。

我們都很熟悉魯迅說過的一句話：時間，就像海綿裡的水，只要願擠，總還是有的。其實這句話正好說明了魯迅取得成功的一個重要的祕訣，那就是珍惜每一分鐘。

魯迅12歲在紹興城讀私塾的時候，父親正患著重病，而他兩個弟弟還太小，那時候的魯迅不僅要經常上當鋪，跑藥店，回家還要幫助母親做家務。但是他不想因此耽誤了學習，於是他就充分利用起每一分鐘，一旦有時間就做自己想做的有價值的事情。魯迅有很多興趣愛好：好讀書，又喜歡寫作，對於民間藝術和書畫作品也有所涉獵。見識得多了，想要學習的東西就更多。所以時間對他來說，顯得尤為重要。儘管他身體常常抱恙，工作條件和生活環境都不好，但是他還是不願意浪費每一個值得利用起來的時間，他每天都要工作到深夜才肯罷休。

無獨有偶，著名科學家牛頓，也是一個把時間當作生命來珍惜的人，他總是會抓緊每一分每一秒來工作。為了進行科學研究，他常常會忙到廢寢忘食的地步。有一次，牛頓約好一位朋友來自己家裡吃飯。朋友按時來到牛頓家裡赴約，但是牛頓仍然在實驗室裡埋頭工作著，直到飯菜上桌他也沒有意識到朋友還在等自己。那位朋友看他忙於工作就沒好意思打擾他。後來，朋友左等右等，實在是等得不耐煩了，就自己狼吞虎嚥地吃了起來。吃完後，他將雞骨頭留在了盤子

第七章　做自己時間的主人，終結拖延症

裡，然後沒有跟牛頓道別就先走了。等牛頓做完實驗後，回到飯桌前，看到盤裡放著吃剩下的雞骨頭，自言自語地說：「啊，我以為還沒吃飯呢，原來我已經吃過了。」

　　牛頓的故事雖然鬧出了笑話，但是這也足以看出牛頓廢寢忘食的程度。時間對於一個人來說是有限的，時間就是生命。在我們每天忙忙碌碌中，很多時間就在我們毫不珍惜中浪費掉了。時間就像被我們掬在手心的水，不知不覺間就從指縫溜走了。如果我們不加珍惜，時間會流逝得更快。所以我們要及時發現生命裡的「漏洞」，馬上堵上，只有這樣才不會讓更多的時間荒廢。

　　從現在開始，活用你每天的零碎時間，用它來修建自己荒廢已久的興趣殿堂。每天撿起你丟棄的 15 分鐘，做一些對自己有幫助的事情。有了一磚一瓦的累積，用不了多久，你就會建起一座宮殿。不要做自己生命的掘墓罪人，盡量不要讓今天的時間白流，要讓生命裡的每一分鐘都實現它該有的價值。

「瑞士起司」時間整理法則

　　瑞士起司因它獨特的風味,而在全世界享有盛譽。眾所周知,起司上不規律地分布著許多圓孔。而對於「瑞士起司」而言,通常上面的圓孔越大,香甜的味道就越濃。

　　瑞士起司上的圓孔對「時間管理」是有一定啟示的。許多人認為時間緊迫,工作中手忙腳亂,甚至晚上還要加班。然而他們「加班加點」的效果卻未必盡如人意,生活品質依舊沒有提升,如同一塊沒有孔洞、滋味卻差強人意的起司。那些人不懂得這樣的道理:時間安排並不是越緊湊越佳,有時候,時間也需要慢慢「發酵」,有了空隙才會更有「營養」。不要小看在前後任務之間的那部分「間隙」,你也許認為那是一種浪費,然而其恰恰可能就是能夠開啟你某項工作的神奇的「小孔」。

　　假設你剛打完電話給一位客戶,放下電話之後,離午餐時間只剩下 10 分鐘。你準備如何利用這 10 分鐘?假設,你的身邊還整齊擺放著一摞年度銷量表。這些銷量表是上司在上個月交給你的,你已經處理了不少,而且預計還要許久才能完成。另外,你的桌上堆放著許多日常的文件。那麼你打算怎麼做?隨手抓來幾份文件草草應付一下?或者明知不可

第七章　做自己時間的主人，終結拖延症

能完成，還是要無怨無悔地開始進行報表這個「大工程」？還是乾脆提前下樓去吃午飯？

就這個問題而言，最好的時間安排其實是：雖然所剩的工作時間已經不多，我們也要開始報表的整理。用短暫的時間去處理複雜的事務，似乎聽上去不那麼明智。然而現實生活中通常是拿不出相對完整的大塊時間去處理一件事情的。所以不如利用這些瑣碎的時間去慢慢處理「難啃的骨頭」。也許我們每天都會遇到「還差幾分鐘就吃飯了」的情況，如果我們每一次都選擇提前去吃飯或者處理一些不費腦子的雜事，那麼我們以往用「時間不夠」當藉口而不去完成的，很可能以後也沒有時間去完成。另外，這種「避重就輕」的行為也是我們透過拖延而逃避困難的表現。

要想讓困難的任務取得有效的進展，我們就要借鑑「瑞士起司」的哲學：在工作安排的這塊「起司」上戳出一個個「小孔」，把瑣碎的小工作穿插在較大的複雜任務當中去完成。

穿插其中的所謂「小工作」，是指在 5 分鐘甚至更短的時間內可以完成的「舉手之勞」。這樣的零碎雜事其實有許多，但我們不可以自亂陣腳，而是要找出最重要或最緊急的事情去做。因此，為了方便進行空閒時間的安排，我們應當事先在便條紙上列出那些 5～10 分鐘內可以完成的瑣碎事情，並且根據重要程度標記次序。

「瑞士起司」時間整理法則

現在我們得到了一份次序表。如果沒有它，我們或許無法相信 10 分鐘時間可以做得到這麼多事情。「瑞士起司」時間整理法為我們的時間安排開啟了新的思路。但是，再好的計畫也離不開堅定地執行。一旦遇上了空閒時間，就要立即開始進行次序表裡的任務，並且徹底完成一項任務之後再開始下一項。

那張次序表的重要性不言而喻。如果我們在午餐前的 10 分鐘裡隨手抓過一份文件就開始整理，結果卻花費了 20 分鐘以上還沒有處理完畢，而且耽擱了午飯時間。原因很簡單，這是因為一開始就沒有選擇適合的雜事去做。

有時候，「瑞士起司」的時間整理法則會為一項複雜的任務帶來意想不到的突破。如果你已經在一整塊時間段上「打出」了幾個「孔洞」，並且身體力行地去執行的話，你將會發現這件原本被你成年累月拖延著的任務，居然可以這麼輕而易舉地完成。當我們把漫長的「馬拉松」分解成了一段一段的「衝刺」，把重要任務的各個部分都逐一突破後，你就會發現，原來多麼複雜的工作都可以像拼圖遊戲一樣分階段來完成，最後只需要稍作整理就大功告成了。就這樣，我們不僅沒有白白浪費看似利用價值不大的「時間間隙」，反而還在完成重要任務的同時，順手解決了不少細節問題。

同樣的一天 24 小時，有些人可以充分利用每一天，有些

第七章　做自己時間的主人，終結拖延症

人卻天天在拖延的苦海裡掙扎。實際上並不是「沒有時間」，而是不「整理」時間，對短暫的間隙沒有加以利用。每一分鐘都有它存在的價值，只有將自己的時間整理好，才能平穩有序地處理所有的事務。

期限就是時間投資止損線

什麼是目標？目標就是在規定的時間內必須完成自己想做的事情。這個定義給我們一個啟發，我們不僅要確立自己的目標，還要給自己的目標設定一個期限，這個期限用英文表示就是 deadline。deadline 就是時間投資止損線。有多少目標觸及到了這條「死亡線」，卻依然遙遙無期？

設定了 deadline，可以讓我們更有緊迫感，這種緊迫感會敦促我們為實現目標傾盡全力，做到最好。如果沒有這個 deadline，我們對於即將完成的目標就沒有緊迫感，久而久之，目標就很有可能被我們束之高閣。

假設你的計畫是下午3點鐘拜訪客戶，4點鐘結束拜訪。如果你在規定的時間內做成了這件事情，那麼你就完成了自己的一個小小的目標。每個大的目標都是由無數個小目標組合而成，就跟爬樓梯一樣，你只有一個臺階、一個臺階地上去，才能到達你最終想去的地方。

在高爾夫球場上，一位成功人士在草地邊緣把球打進了雜草區，青年剛好在那裡清掃草地的落葉，順便幫那位成功人士撿起了高爾夫球。青年猶豫地對那位成功人士說：「先

第七章　做自己時間的主人，終結拖延症

生，我想找個時間向您請教。」「什麼時候呢？」「哦！什麼時候都可以。」青年頗為意外。「像你這樣說，你是永遠沒有機會的。這樣吧，30 分鐘後在第十八洞見面談吧！」成功人士說道。

30 分鐘後，兩個人坐在樹蔭下。「能夠具體地說出你想做的事情嗎？」「我自己也不太清楚。我很想做和現在不同的事，但是不知道做什麼才好。」青年很困惑。成功人士於是問青年：「那麼，你準備什麼時候實現那個還不能確定的目標呢？」「我不知道。我的意思是有一天。有一天想做某件事情。」「那你喜歡做什麼？」青年想了好久，也沒有說出自己喜歡的事情。成功人士嘆了口氣說：「原來如此，你想做某些事，但不知道做什麼好，也不確定要在什麼時候去做，更不知道自己最擅長或喜歡的事是什麼。」青年羞愧地低下頭：「我真是個沒有用的人。」成功人士看著青年，意味深長道：「你現在還沒有把自己的想法加以整理，缺乏前進的動力。你回去仔細想想，你想在你幾歲之前做成什麼事，然後把這些想做成的事情和完成的時間都有條有理地、清楚地列出來。這樣，你就知道你接下來要做什麼事，你的人生目標是什麼了。你是個有信心和聰明的年輕人，我相信你一定可以。」

兩個星期以後，青年掌握了自己的目標。那就是 5 年後要接替他的上司成為他現在工作的高爾夫球場的經理。然後在這 5 年的時間裡，青年利用一切時間學習，提高自己的各項能力，使自己具備了擔任經理必備的學識和領導能力。5

年後，他輕鬆擊敗其他競爭對手，成為了球場經理。接著他決定了自己的下一個目標——10年後成為球場的總經理。現在，他還在為這個目標而努力。

青年從一個茫然的後生到後來成為一個成功人士，是因為他在成功人士的啟發下，明確了自己未來的目標和完成目標的期限，然後抓緊當下的每一天朝著目標奮鬥，不再浪費青春時光。如果他只是在幻景裡勾勒「美好未來」，並沒有設定時間限制，那麼可能5年後的那個機會就不是他的了。

現實生活中很多年輕人總說自己將來要幹一番大事業，但其實他們很茫然，不知道要怎麼去做，更沒有要求自己什麼時候去做成這件事，他們只是在腦海中幻想著夢想成真後的樣子。一些人打算畢業之後自己創業。然而如果有人問他們「將來打算在哪一行業開一家什麼樣的公司」，那麼很有可能會聽到這樣的答覆：「隨便，只要能賺錢就行。」「你打算什麼時候開呢？」「就這幾年吧。」「婚姻也是一件人生大事，打算什麼時候成家啊？」「現在還年輕，等我賺了錢就結。」許多本應該引起重視的事，僅僅是那些年輕人流於腦海中一個浮泛的想法，並沒有一個具體的實施規劃。再沒有比確立一個明確的尺規更重要的事了，清晰的目標會產生堅定的信念！

美國人黃金的職業生涯規劃是大學畢業後先工作6～8年，然後去讀MBA，讀完後去大公司做中層管理人員，幾年

第七章　做自己時間的主人，終結拖延症

之後再到管理顧問公司做 6 年左右的顧問，最後做一家中型公司的 CEO。完成這個目標的時候他大約是 45 歲，基本上步入一個人事業的黃金時期。這一美國人的人生規劃對我們來說也有一定的參考價值。在人生的每一個時間段完成一個目標，才能替自己規劃一條清晰明白的人生道路，以後的每一步也才能走得更加扎實。

為了離夢想越來越近，我們要學會為自己設立目標，為每個目標設下 deadline。在制定計畫的時候要注意以下幾點：一、寫下今天要完成的目標任務；二、猜想做事的時間長短；三、簡要計劃行動方法和步驟；四、預測可能出現的問題以及應對措施；五、留些緩衝時間給未預見的事情；六、確立優先順序，確保快速有效地完成任務。

德國戲劇家席勒曾經說過：「時間的步伐有三種，未來姍姍來遲，現在像箭一般飛過，而過去永遠靜立。」這句話告訴我們，不要沉溺於過去，不管是美好還是不幸，過去的都已經無法改變；要珍惜現在的每一天，因為很快就會過去；明天還沒有來到，我們要為它做好準備。如果只是夢想過幸福的生活，卻不抓緊時間行動，在一旁哀嘆自己生不逢時，等明天再說，那麼，當你再次翹首未來、哀嘆現在的時候，「今天」已經變成了過去。

「千里之行，始於足下。」緊緊抓住易失的今天，從現在

期限就是時間投資止損線

做起,從今天做起。告訴自己:「我一定要在規定的期限內完成該做的事情。」然後朝著目標努力行動。

國家圖書館出版品預行編目資料

行為介入心理學，懶癌末期患者的「高效」療程：走出舒適圈 × 拒絕慣性撒謊 × 避免過高標準，從細微變化開始，重塑個體行為的關鍵策略 / 浩強 著 . -- 第一版 . -- 臺北市：樂律文化事業有限公司 , 2024.11
面； 公分
POD 版
ISBN 978-626-7552-57-5(平裝)
1.CST: 自我實現 2.CST: 自我肯定
177.2　　　　　　　　　　113016043

行為介入心理學，懶癌末期患者的「高效」療程：走出舒適圈 × 拒絕慣性撒謊 × 避免過高標準，從細微變化開始，重塑個體行為的關鍵策略

作　　　者：浩強
責任編輯：高惠娟
發　行　人：黃振庭
出　版　者：樂律文化事業有限公司
發　行　者：崧博出版事業有限公司
E - m a i l：sonbookservice@gmail.com
粉　絲　頁：https://www.facebook.com/sonbookss/
網　　　址：https://sonbook.net/
地　　　址：台北市中正區重慶南路一段 61 號 8 樓
8F., No.61, Sec. 1, Chongqing S. Rd., Zhongzheng Dist., Taipei City 100, Taiwan
電　　　話：(02) 2370-3310　　傳　　　真：(02) 2388-1990
律師顧問：廣華律師事務所 張珮琦律師
定　　　價：350 元
發行日期：2024 年 11 月第一版
◎本書以 POD 印製
Design Assets from Freepik.com